W0309915

Realschule
Abschlussprüfung 2011
Training
Deutsch

Autorinnen: Anne-Christin Kohl, Ludgera Petersmann, Ruth Strunz-Happe
■ Christiane Althoff (Lösungsvorschläge Originalprüfungen)

REALSCHULE

ABSCHLUSSPRÜFUNG **2011**

Training

Deutsch

Arbeitsheft mit Lösungen

HESSEN

Cornelsen

Die in diesem Werk angegebenen Internetadressen haben wir überprüft (Redaktionsschluss 01.07.2010). Dennoch können wir nicht ausschließen, dass unter einer solchen Adresse inzwischen ein ganz anderer Inhalt angeboten wird.
Nicht in allen Fällen war es uns möglich, den Rechteinhaber ausfindig zu machen. Berechtigte Ansprüche werden selbstverständlich im Rahmen der üblichen Vereinbarungen abgegolten. Wir bitten um Verständnis.

www.cornelsen.de

Bibliografische Information: Die Deutsche Bibliothek verzeichnet diese Publikation in der Deutschen Nationalbibliografie; detaillierte bibliografische Daten sind im Internet über http://dnb.ddb.de abrufbar.

2. überarbeitete und aktualisierte Auflage.

Projektleitung: Uta Kural u. Stefan Giertzsch, Cornelsen Scriptor Berlin
Redaktion: DAS LEKTORAT, Monika Kopyczinski, Berlin
Gesamtgestaltung: Beate Schubert u. Uta Eickworth, Berlin
Umschlagentwurf: Patricia Müller, Berlin
Illustrationen: Dorina Tessmann, Berlin
Sachzeichnungen: Martin Frech, medienfrech.de
Layout und Herstellung: Beate Schubert, Berlin
Druck und Bindearbeiten: fgb · freiburger graphische betriebe
Printed in Germany
ISBN 978-3-06-150009-2

Gedruckt auf säurefreiem Papier,
umweltschonend hergestellt aus chlorfrei gebleichten Faserstoffen.

Inhaltsverzeichnis

Übersicht ... 8
Gut zu wissen ... 10

KAPITEL I STARTKLAR FÜR DIE PRÜFUNG

1 Hinweise zu den Prüfungsbestimmungen ... 14
2 Prüfungsaufgaben ... 18
Schwierigkeitsstufen ... 18
Hinweiswörter (Operatoren) ... 18
3 Textsorten und Textmerkmale ... 20
Textsorten ... 20
Textmerkmale ... 21

KAPITEL II LITERARISCHE TEXTE: ANALYSE UND INTERPRETATION

Basiswissen ... 22
Typische Arbeitsaufträge ... 23
1 Kurzgeschichte ... 24
Gut zu wissen ... 24
Übung 1: Im Spiegel (Margret Steenfatt) ... 26
Schnell-Check Interpretation Kurzgeschichte ... 34
2 Gedicht ... 35
Gut zu wissen ... 35
Übung 2: Willkommen und Abschied (J. W. v. Goethe) ... 36
Schnell-Check Interpretation Gedicht ... 45

KAPITEL III SACHTEXTE: ANALYSE UND INTERPRETATION

Basiswissen ... 46
Typische Arbeitsaufträge ... 47
1 Diagramme auswerten ... 48
Gut zu wissen ... 48
Übung 1: Gerätebesitz ... 49
Schnell-Check Auswertung eines Diagramms ... 53
2 Stellungnahme ... 54
Gut zu wissen ... 54
Übung 2: Schulkleidung ... 55
Schnell-Check Stellungnahme ... 61
3 Erörterung einer Karikatur ... 62
Gut zu wissen ... 62
Übung 3: Ist ein reguläres MP3-Verbot in der Schule sinnvoll? ... 63
Schnell-Check Erörterung ... 67

KAPITEL IV KREATIVE TEXTPRODUKTION

Aufgabentypen . . . 68
Typische Arbeitsaufträge . . . 69
Basiswissen: Aufsatzformen . . . 70
1 Erörterung in Form eines Leserbriefes . . . 72
Gut zu wissen . . . 72
Übung 1: Seniorengerechtes Wohnen . . . 73
Schnell-Check Leserbrief . . . 79
2 Übertragung eines Gedichtes in einen inneren Monolog . . . 80
Gut zu wissen . . . 80
Übung 2: Nie mehr (Ulla Hahn) . . . 81
Schnell-Check innerer Monolog . . . 86
3 Tagebuch-Eintrag zu einem Romanauszug . . . 87
Gut zu wissen . . . 87
Übung 3: „... aber Steine reden nicht“ (Carlo Ross) . . . 88
Schnell-Check Tagebuch-Eintrag . . . 93

KAPITEL V PANNENHILFE

1 Wörterbuch . . . 94
Wörterbucheinträge verstehen . . . 94
Arbeiten mit dem Wörterbuch . . . 94
2 Zitieren . . . 95
Richtig zitieren . . . 95
Quellen angeben . . . 95
3 Schreibtipps . . . 96
Checkliste Textkorrektur . . . 96
4 Texte überarbeiten . . . 97
Formale Textbearbeitung . . . 97
Inhaltliche Textbearbeitung . . . 97

KAPITEL VI PRÜFUNGSAUFGABEN 2010

Text 1: Sommermittag (Michael Buselmeier) . . . 100
Aufgaben zu Text 1 . . . 101
Text 2: Ein Tag im Juni (Sylvia Plath) . . . 102
Aufgaben zu Text 2 . . . 105
Text 3: Was nagt denn da? (Cord Riechelmann) . . . 106
Aufgaben zu Text 3 . . . 108

Basiswissen und Übungen

Seite	Aufgabentyp	Text	Übung	Lösung	bearbeitet/ gelesen am			Kommentar
	Literarische Texte							
24	Kurzgeschichte interpretieren	Im Spiegel (M. Steenfatt)						
34	Schnell-Check	Interpretation Kurzgeschichte						
35	Gedicht interpretieren	Willkommen und Abschied (J. W. v. Goethe)						
45	Schnell-Check	Interpretation Gedicht						
	Sachtexte							
48	Diagramm auswerten	Gerätebesitz						
53	Schnell-Check	Auswertung eines Diagramms						
54	Stellungnahme verfassen	Schulkleidung						
61	Schnell-Check	Stellungnahme						
62	Karikatur erörtern	MP3-Verbot an Schulen						
67	Schnell-Check	Erörterung						
	Textproduktion							
72	Leserbrief schreiben	Seniorengerech-tes Wohnen						
79	Schnell-Check	Leserbrief						
80	Inneren Mono-log verfassen	Nie mehr (Ulla Hahn)						
86	Schnell-Check	Innerer Monolog						
87	Tagebuch-Eintrag schreiben	... aber Steine reden nicht (Carlo Ross)						
93	Schnell-Check	Tagebuch-Eintrag						

Für Schnelle: Du musst mindestens 1 Übung mit Lösung pro Aufgabenbereich gelesen haben.
Für Gründliche: Du solltest mindestens 1 Übung pro Aufgabenbereich gelesen und gelöst haben.
TIPP: Du solltest mindestens 3 Aufgaben mit dem Schwierigkeitsgrad ■■■ gelöst haben! Kennzeichne diese extra!

Prüfung 2010

Seite	Thema	Textproduktion	Text	Original-prüfung	Lösung	bearbeitet/ gelesen am		
	Lyrik (Analyse/Interpretation/Textproduktion)							
100	Heimat	Kommentar/ Brief	Sommermittag (Michael Buselmeier)					
	Prosa (Analyse/Interpretation/Textproduktion)							
102	Gewissen/ Liebes-kummer	Dialog/Brief	Ein Tag im Juni (Sylvia Plath)					
	Sachtext (Analyse/Interpretation/Textproduktion)							
106	Arten-schutz	Rede/Interview	Was nagt denn da? (Cord Riechelmann)					

Liebe Schülerin, lieber Schüler!

Im Frühjahr ist es so weit: Am Ende der 10. Klasse wirst du die Abschlussprüfung ablegen. Dieses Buch hilft dir, dich effektiv auf die Prüfung vorzubereiten.
Wir haben es so aufgebaut und geschrieben, dass du selbstständig damit arbeiten kannst.
Du findest in diesem Buch die wichtigsten Themen und Aufgabentypen, die in deinem Bundesland in der Prüfung abgefragt werden. Du kannst also parallel zum Unterricht die Bereiche trainieren, in denen du dich für die Abschlussprüfung verbessern willst.

Wie ist das *Training* aufgebaut?

Das *Training* ist in **Kapitel** gegliedert, die nicht aufeinander aufbauen. Du kannst sie also alle einzeln üben. Nach einer kurzen Einführung in das Kapitel kommen Übungen, Übungen und noch einmal Übungen.
Hinweise zu den Prüfungsbestimmungen:
Hier findest du in Kürze alle wichtigen Informationen rund um die Prüfung.
Aktuelle Originalprüfung:
Hier findest du die aktuelle, zentral gestellte Originalprüfung aus dem Ministerium.
Lösungsheft:
Natürlich findest du im Lösungsheft ausführliche, leicht verständliche Lösungen zu jeder Übung und zur aktuellen Originalprüfung.

Was ist das Besondere an diesem Buch?

Das *Training* lässt sich dosieren: für Schnelle und für Gründliche.
Die Struktur der einzelnen Kapitel erlaubt unterschiedlich intensive Trainingsansätze.
Für Schnelle: Wenn du schnell einen Überblick brauchst und wissen willst, wie fit du bist, liest du das Basiswissen. Nur an Stellen, wo du unsicher bist und Wissenslücken entdeckst, machst du die entsprechenden Übungen.
Für Gründliche: Wenn du es genau wissen willst oder Nachhilfebedarf hast, arbeitest du die einzelnen Kapitel am besten sorgfältig durch. Die Reihenfolge kannst du dabei passend zu den Unterrichtsthemen wählen. Vergiss nicht, die Schnell-Checks am Ende ehrlich auszufüllen und dir klarzumachen, was du noch üben solltest!

	Basiswissen lesen	**Schnell-Checks machen**	**Übungen durcharbeiten**	**Lösungen vergleichen**
Information	👍	👍👍	👍👍👍	👍👍👍👍
Zeitfaktor	👍	👍👍	👍👍👍	👍👍👍👍
Lernfaktor	👍	👍	👍👍👍	👍👍👍👍
Prüfungs-erfolg	👍👍👍	👍👍👍👍👍	👍👍👍👍👍👍👍👍👍	👍👍👍👍👍👍👍👍👍👍👍👍

Klar ist, je gründlicher du dich vorbereitest, umso besser wirst du bei der Prüfung abschneiden!

Wie orientiere ich mich im *Training*?

Eine gute Orientierung ist das **Inhaltsverzeichnis**, in dem du schnell die gewünschten Kapitel und Aufgabenbereiche zur Prüfungsvorbereitung findest.
Für ein gezieltes Auffinden von Themen und Aufgabentypen kannst du die **Übersicht** auf der Vorseite benutzen.
In der **Kopfzeile** ganz oben kannst du sofort erkennen, in welchem Kapitel du bist. Und, ob du dich im Basiswissen, in den Übungen oder der Originalprüfung befindest.

Wie kann ich den Schwierigkeitsgrad einer Übung erkennen?

Neben der Aufgabenstellung findest du eine Markierung, die dir zeigt, wie leicht oder schwer eine Übung ist. Natürlich solltest du dich auch an die schweren Übungen trauen, denn die haben sicher Prüfungsniveau.

■ leicht
■■ mittel
■■■ schwer

Woher weiß ich, ob ich schon gut vorbereitet bin?

Die **Schnell-Checks** helfen dir bei der Selbstbewertung. Du findest sie immer am Ende eines Kapitels. Sei hier ehrlich zu dir und markiere, wie du abgeschnitten hast.
Bei solltest du natürlich weiterüben. Du kannst die Schnell-Checks auch kopieren und für zusätzliche Übungen verwenden.

Mit welchem Buch kann ich noch üben?

Wenn du dich noch intensiver vorbereiten willst – schließlich ist das die alles entscheidende Prüfung für dich –, kannst du auch mit den *Originalprüfungen* deinem Wunschprüfungsergebnis näher kommen.

Viel Erfolg!

Kapitel I
Startklar für die Prüfung

Kapitel I
Startklar für die Prüfung

1 Hinweise zu den Prüfungsbestimmungen

Im Jahr 2004 wurden im Bundesland Hessen - wie auch in zahlreichen anderen Bundesländern - einheitliche schriftliche Abschlussprüfungen für den Realschulabschluss am Ende der Klasse 10 eingeführt. Seither schreiben die Schülerinnen und Schüler in den Fächern Mathe, Englisch und Deutsch jeweils eine Prüfungsarbeit, die im ganzen Land identisch ist und exakt zur selben Zeit geschrieben wird. Die Termine gibt das Hessische Kultusministerium ungefähr ein Jahr im Vorfeld bekannt. Du erfährst sie von deiner Schule oder kannst sie auch auf der Homepage des Kultusministeriums selbst herausfinden. Die Prüfungstermine liegen zumeist im Mai, dann finden in einer Woche alle drei Hauptfachprüfungen statt.

Diese Abschlussprüfungen sollen eine bessere Vergleichbarkeit der Schulen ermöglichen und die Qualität des Unterrichts sichern. Für euch Schüler sind diese Prüfungen von großer Bedeutung: Das Ergebnis steht auf dem Abschlusszeugnis und geht an den meisten Schulen wie eine Klassenarbeit nochmals mit in die Note des jeweiligen Faches ein. Bei Bewerbungen, zum Beispiel um eine Ausbildungsstelle, sind die Noten der Abschlussprüfungen für die Unternehmen wichtig. Die Schülerinnen und Schüler verschiedener Schulen sind jetzt auch direkt zu vergleichen, denn sie haben ja schließlich dieselbe Prüfung geschrieben.

Prüfungsteile

Im Fach DEUTSCH bekommst du drei Prüfungsvorschläge vorgelegt, von denen du einen bearbeiten musst:

Text 1	Lyrik
Text 2	Prosa
Text 3	Sachtext

Nach 30 Minuten werden die zwei nichtgewählten Vorschläge eingesammelt, damit kein Schüler in Versuchung kommt, das Thema doch noch zu wechseln und somit wertvolle Zeit zu verschenken.
Eine mündliche Prüfung oder sogenannte Rahmenthemen, wie sie in manchen anderen Bundesländern vorgesehen sind, gibt es in Hessen nicht.

Prüfungsablauf und Hilfsmittel

Wie läuft die Prüfung ab? Die Prüfung beginnt um 9 Uhr. Zunächst hast du 30 Minuten Zeit, eine der drei Aufgaben auszuwählen. Deine Lehrer dürfen dir in dieser Zeit nicht mehr helfen, sie dürfen nur das Verfahren - also den organisatorischen Ablauf erklären - und Begriffe aus den Aufgabenstellungen erläutern. Zu den Prüfungstexten kannst du keine Fragen mehr stellen.
Von der Schule erhältst du Papier und ein Wörterbuch, das im Fach DEUTSCH als einziges Hilfsmittel zugelassen ist. Nun bearbeitest du in 180 Minuten, also in drei Zeitstunden, den Prüfungstext, für den du dich entschieden hast. Nach dieser Zeit musst du noch deine Wörter zählen, dann ist es geschafft!

Übrigens: Auch dein Deutschlehrer sieht die Aufgaben erst am Morgen der Prüfung. Die Aufgaben werden in versiegelten Umschlägen einige Tage vorher in die Schule geschickt. Erst am Prüfungsmorgen dürfen diese Umschläge geöffnet werden. Das heißt, es ist wenig sinnvoll, deinen Lehrer bzw. deine Lehrerin zu „löchern", auch er/sie kann dir keinen entscheidenden Tipp geben.
Während der Prüfung musst du bestimmte Regeln einhalten: So kannst du durchaus eine Kleinigkeit essen oder trinken. Zur Toilette darf man nur einzeln gehen und jeder Gang zur Toilette wird von der Aufsicht protokolliert. Du darfst dich mit niemandem unterhalten. Auch ist es selbstverständlich, dass das Handy ausgeschaltet bleibt!
Ebenso solltest du auf Täuschungsversuche verzichten, da du damit deine Prüfung gefährdest. Jeder Verdacht wird protokolliert und kann zur Note „nicht bestanden" führen.

Wenn du am Prüfungstag krank bist, musst du dich bis 8.00 Uhr in der Schule krankmelden und spätestens drei Tage nach der Prüfung ein ärztliches Attest vorlegen. Dann kannst du am Nachprüfungstermin die Prüfung nachschreiben.

Auswahl deiner Prüfungsaufgabe

Wie fast jeder Schüler hast du wahrscheinlich bereits einen **Favoriten**, also eine Textsorte, die dir besonders „liegt". Dann könntest du doch jetzt einfach sagen: Ich bereite mich nur auf z. B. die Gedichte vor, weil ich schon weiß, dass ich die bearbeiten will. Aber diese Art der Vorbereitung ist sehr gefährlich!

Es kann dir passieren, dass ein Gedicht in der Prüfung drankommt, das dir überhaupt nicht liegt, zu dem du keinerlei Zugang hast. Weil du aber nichts anderes vorbereitet hast, musst du trotzdem das Gedicht bearbeiten. Daher ist es sehr wichtig, sich auf alle drei Prüfungstypen vorzubereiten, zunächst alle drei Vorschläge genau zu lesen und erst dann eine Entscheidung zu treffen. Dass du evtl. eine Vorliebe hast („wenn das Gedicht gut ist, nehme ich das"), ist natürlich sehr hilfreich.

Achte beim **Lesen der Vorschläge** darauf, dass du nicht nur die Texte liest, sondern auch die zugehörigen Aufgaben. Erst dann kannst du den Schwierigkeitsgrad der Prüfung für dich einschätzen. Die Anzahl der Punkte pro Aufgabe zeigt dir zudem, welches Gewicht einzelne Aufgaben haben.

Sehr hilfreich ist es, das **Auswahlverfahren** zu **üben**. Du wirst in der Prüfung (besonders in den ersten Minuten) sehr nervös sein, dann ist es gut, wenn man die Situation schon mal simuliert hat. Lies die drei Texte einer Originalprüfung, nimm dir 30 Minuten Zeit und überlege dir, welche Prüfung du gewählt hättest. Überlege dir auch, nach welchen Kriterien du dich entschieden hast (z. B. Textart, Verständlichkeit des Textes, vertraute Aufgabenstellungen etc.). Abschließend kannst du überlegen, ob deine Kriterien sinnvoll sind: Es gibt Schülerinnen und Schüler, die eine Prüfung wählen, weil der Text „so schön kurz" oder die Zahl der Aufgaben gering war - das ist natürlich nicht wirklich überzeugend.

Denk bei der Wahl der Prüfungstexte daran, dass die letzte Aufgabe jeweils eine **Wahlaufgabe** ist, dass also nur a *oder* b bearbeitet werden muss!

Aufgabenstellungen / Erwartungen

In dem Vorschlag **„Lyrik"**, also den Aufgaben zu einem Gedicht, wirst du zunächst den Inhalt eines Gedichtes zusammenfassen oder das Thema benennen müssen. Dann folgen verschiedene Fragen zum Aufbau, zur Form, zu sprachlichen Mitteln und evtl. zur Überschrift. Abschließend müssen bestimmte Textstellen interpretiert werden und Aussagen über die Sprechsituation gemacht werden. Die Aufgaben steigern sich im Anspruch, das heißt, du musst dich unbedingt an die Reihenfolge halten - oft lässt sich die Interpretation nur schreiben, wenn man zuvor Inhaltsangabe und Analyse bearbeitet hat.

Bei dem Vorschlag **„Prosa"** handelt es sich in der Regel um Aufgaben zu einer Kurzgeschichte. Auch diese Prüfung beginnt mit dem Zusammenfassen des Inhaltes oder der Formulierung eines Themas. Danach folgen Fragen z. B. zu verschiedenen Stilmitteln, zur Sprache der Geschichte, zur Erzählperspektive, zur Wirkung bestimmter Darstellungen etc. Abschließend müssen vorgegebene Textstellen interpretiert werden.

Im dritten Vorschlag zu einem **Sachtext** (= ein nichtfiktionaler Text) musst du den Text zunächst in Kernaussagen zusammenfassen oder eine Inhaltsangabe schreiben. Danach werden Fragen zum Inhalt gestellt. In den Antworten musst du zeigen, ob du dem Text die gesuchten Informationen entnehmen kannst. Abschließend können Fragen zur Gattung (z. B. Reportage) folgen und die Wirkungsabsicht (Intention) kann thematisiert werden.

Bei allen Prüfungen bauen die Aufgaben aufeinander auf. Der Vorschlag beginnt immer mit der **Kompetenz „Leseverstehen"**, das heißt, du musst immer zunächst unter Beweis stellen, dass du den Text verstanden und seinen Inhalt erfasst hast. Für diese Inhaltswiedergabe muss man über bestimmte Techniken verfügen: Einleitungssatz schreiben, Kernaussagen formulieren, Text in Sinnabschnitte gliedern und mit einer Überschrift versehen.

Erst dann wird die zweite Kompetenz (**argumentative Kompetenz**) abgefragt. Die abschließende Wahlaufgabe ist zumeist eine Aufgabe, in der du selbst einen Text schreiben musst (**Textproduktion**).

Bewertungskriterien

Was muss man denn eigentlich können, wenn man die Prüfung bestehen will? Dazu heißt es in den Unterlagen des Hessischen Kultusministeriums, dass jede Schülerin und jeder Schüler zeigen soll, dass er fünf Bereiche beherrscht. Dies sind im Einzelnen:

- **Leseverstehen**: Hier sollst du zeigen, dass du einen Text verstanden hast und inhaltliche Fragen zu dem Text angemessen beantworten kannst. Das heißt, du musst genau lesen, um die Zusammenhänge zu erfassen. Bei diesem ersten Aufgabenbereich solltest du das Wörterbuch, das als Hilfsmittel erlaubt ist, nutzen, wenn dir Begriffe fremd sind.
- **Argumentative Kompetenz**: Du kannst Argumente aus einem Text herausfinden, andere Argumente finden und somit eine begründete Meinung entwickeln (z. B. als Stellungnahme oder Erörterung).
- **Textproduktion**: Du kannst selbst einen Text in einer bestimmten Gattung zu einer vorgegebenen Fragestellung oder zu einem vorgegebenen Thema verfassen, dies können Tagebuch-Einträge, Parallel-Gedichte, Briefe, Reportagen, Interviews, Zeitungsartikel oder das Weiterschreiben eines Textes sein.
- **Sprachbewusstheit**: Deine Formulierungen müssen angemessen und sprachlich richtig sein. Ausdrucks- und Grammatikfehler führen zu Punktabzug. Beachte hierbei, dass du immer für einen bestimmten Adressaten schreibst. Bei der Prüfung ist das natürlich zumeist ein Deutschlehrer bzw. eine Deutschlehrerin, aber es gibt auch Wahlaufgaben, bei denen du z. B. ein Interview für eine Jugendzeitschrift schreiben sollst. In diesen Fällen musst du deine Formulierungen an die jeweilige Zielgruppe anpassen.
- **Rechtschreibung**: Die Rechtschreibregeln müssen in der Prüfung natürlich auch eingehalten werden. Rechtschreib- und Zeichensetzungsfehler gehen in die Bewertung ein. Sieh dir also noch einmal deine letzten Deutscharbeiten an, um zu erkennen, was dir Probleme bereitet (z. B. das/dass-Schreibung, Zeichensetzung bei Nebensätzen etc.). Auf diese Fehlerschwerpunkte solltest du bei der Überprüfung deiner Texte besonders achtgeben.

Benotung

Die Schulen erhalten die Prüfungsaufgaben direkt vom Kultusministerium. Dazu gehören auch Vorgaben für die Beurteilung und Bewertung der Abschlussarbeiten. Deine Deutschlehrerin bzw. dein Deutschlehrer verwendet diese Vorgaben bei der Korrektur deiner Arbeit. Außerdem korrigiert noch eine zweite Deutschlehrkraft deine Prüfung nach den Vorgaben. Deine Note wird also von zwei Lehrkräften festgelegt und fließt in die Gesamtnote des Schuljahres ein.

2 Prüfungsaufgaben

Das Bestehen der Abschlussprüfung hängt wesentlich davon ab, ob du die Aufgabenstellungen richtig verstanden hast und entsprechend beantworten kannst. Lies dir daher zunächst *alle* Aufgaben genau durch, bevor du mit dem Lösen beginnst! Jeder Aufgabentyp zeichnet sich durch bestimmte Aufgabenformulierungen aus, die du dir leicht merken kannst.

Jede Aufgabenstellung - egal ob du ein Gedicht analysieren, ein Diagramm auswerten, einen Text wiedergeben oder zu einem Sachverhalt Stellung beziehen sollst - enthält **Hinweiswörter**, die dir verraten, was du genau bei dieser Aufgabe machen sollst. Diese Hinweiswörter werden von manchen Lehrern auch **Operatoren** genannt.

Schwierigkeitsstufen

Bei der Prüfung gibt es drei **Schwierigkeitsstufen**:

- **Stufe 1**: Bei den Prüfungsaufgaben der Stufe 1 musst du Wissen wiedergeben.
- **Stufe 2**: Bei den Prüfungsaufgaben der Stufe 2 wird von dir verlangt, dass du deine Kenntnisse in einem neuen Zusammenhang anwendest, neu strukturierst sowie Fragen und Probleme selbstständig erfasst und verarbeitest.
- **Stufe 3**: Bei den Prüfungsaufgaben der Stufe 3 sollen komplexe Problemstellungen und Thematiken reflektiert und bewertet werden. Hier musst du eigene Lösungsansätze finden.

Das Schwierigkeitsniveau steigt von Stufe 1 bis 3 an. In Regel ist es so, dass die Hälfte der gestellten Aufgaben der Stufe 2 entsprechen.
Um welche jeweilige Schwierigkeitsstufe es sich handelt, welche Wörter darauf hinweisen und was du genau bei der jeweiligen Aufgabenstufe machen sollst, erklärt dir die folgende Tabelle.

Hinweiswörter (Operatoren)

Schwierigkeitsstufe	Hinweiswörter	Was muss ich tun?
		Sobald du eines dieser Wörter in der Aufgabenstellung siehst, geht es darum
Stufe 1	**benennen, nennen**	... den Inhalt/die Textaussage/den Sachverhalt/den Zusammenhang in eigenen Worten - aber strukturiert - wiederzugeben. Dabei solltest du darauf achten, dass du nur Wichtiges nennst. Deine eigene Meinung/dein Kommentar ist nicht gefragt.
	beschreiben	
	wiedergeben	
	zusammenfassen	
	darstellen	
Stufe 2	**untersuchen, erschließen**	... einen Text, einen Sachverhalt, Materialien unter Berücksichtigung einer bestimmten Fragestellung zu untersuchen.
	darstellen	... einen Zusammenhang, eine Problemstellung, ein Analyse-Ergebnis strukturiert und sachlich zu formulieren.

Schwierigkeitsstufe	**Hinweiswörter**	**Was muss ich tun?**
		Sobald du eines dieser Wörter in der Aufgabenstellung siehst, geht es darum
	deuten	... bestimmte literarische Phänomene (sprachliche Mittel, formale Mittel etc.) zu beschreiben und ihre Bedeutung zu verstehen und wiederzugeben.
	einordnen	... eine Aussage, eine Problemstellung, einen Sachverhalt in einen vorgegebenen oder selbst gewählten Zusammenhang einzubeziehen.
	vergleichen **in Beziehung setzen**	... die vorgegebenen Materialien unter besonderen Aspekten zu vergleichen, das heißt, Gemeinsamkeiten, Unterschiede, Abweichungen und Ähnlichkeiten zu ermitteln. ... Analyse-Ergebnisse miteinander in Verbindung zu setzen.
	erklären, erläutern	... die Textaussagen, die Sachverhalte mithilfe zusätzlicher Informationen und Beispiele bzw. mithilfe eigener Kenntnisse zu veranschaulichen.
	charakterisieren	... eine Person, ein Ereignis, einen Zustand innerhalb der dargestellten Situation zu erfassen und zu beschreiben.
Stufe 3	**beurteilen**	... aufgrund vorgegebener Materialien ein selbstständiges und begründetes Urteil zu fällen und zu erläutern.
	bewerten	... aufgrund vorgegebener Materialien ein selbstständiges und begründetes Urteil zu fällen, in dem eigene Wertmaßstäbe offengelegt werden.
	(kritisch) Stellung nehmen	... eine eigene Einschätzung zu der vorgegebenen Problemstellung zu geben. Dies setzt eine kritische Prüfung und eine sorgfältige Abwägung voraus.
	begründen	... ein Urteil, eine Einschätzung, eine Wertung fachlich und sachlich zu belegen (z. B. durch eigenes Wissen, Beispiele, ...).
	sich auseinandersetzen mit	... zu einer Thesenfrage oder zu einem Problem begründet Stellung zu beziehen. Du musst hier eine Argumentation entwickeln, die zu einem nachvollziehbaren Ergebnis führt.
	prüfen, überprüfen	... eine Textaussage, eine Behauptung, eine These, ein Analyse-Ergebnis auf der Grundlage eigener Kenntnisse und vorgegebener Materialien zu untersuchen und zu bewerten.
	entwerfen, entwickeln	... in Verbindung mit einer Textvorlage auf der Grundlage einer konkreten Arbeitsanweisung einen eigenen Text unter Benennung der notwendigen Entscheidungen und Arbeitsschritte zu planen und zu formulieren.
	gestalten	... auf der Grundlage eines Textes und einer konkreten Arbeitsanweisung einen eigenen Text nach festgelegten Kriterien zu erarbeiten.
	Schlussfolgerungen ziehen	... aus einem vorgegebenen Text, aus Gedanken etc. gültige und nachvollziehbare Aussagen abzuleiten.
	verfassen	... einen Text unter Berücksichtigung der geforderten Textmerkmale zu erstellen.

3 Textsorten und Textmerkmale

In deiner Abschlussprüfung DEUTSCH musst du die Aufgaben zumeist anhand eines Textes bearbeiten. Hierfür solltest du wissen, um welche Textart es sich handelt. Bei einigen Aufgaben musst du auch Textmerkmale nachweisen. Du solltest also nicht nur die jeweilige Textsorte erkennen, sondern auch die entsprechenden Textmerkmale zuordnen können.

Textsorten

Grundsätzlich lassen sich Texte in zwei Kategorien einteilen: die Sachtexte, die tatsächliche Ereignisse, Sachverhalte, Meinungen und Stellungnahmen zu einem bestimmten Thema wiedergeben und die literarischen Texte, deren Handlungen ausgedacht und daher fiktional sind.

Zu der Kategorie der **Sach- und Gebrauchstexte** (↗ Kapitel III) gehören:

- **informierende Texte** wie Nachricht, Bericht, Interview und Reportage
- **kommentierende Texte** wie Kommentar, Leserbrief und Glosse
- **Diagramme**, **Schaubilder** und **Grafiken**

Die **literarischen Texte** (↗ Kapitel II) gliedern sich in drei große Bereiche:

- **Lyrik**
  Die Lyrik zeichnet sich durch ihre gebundene Form aus, das heißt, es wird nicht in einem durchgängigen Fließtext geschrieben, sondern in Versen und Strophen. In lyrischen Texten (Gedichten) kommen Gefühle und Empfindungen zum Ausdruck. Neben einer bestimmten äußeren Form (Reimschema, Metrum) sind bei lyrischen Textsorten auch sprachliche und stilistische Besonderheiten zu finden (Metapher, Vergleich, Wiederholungen etc.). Wichtige lyrische Textsorten sind die Ballade, das Sonett und das Lied.

- **Epik** (erzählende Dichtung)
  Im Gegensatz zur Lyrik handelt es sich bei der Epik, der erzählenden Dichtung, um Texte, die in Prosa – das heißt, in ungebundener Schreibweise ohne Vers, Reim und Metrum – geschrieben sind. Hierbei unterscheiden wir lange bzw. Großformen der Epik (wie Saga oder Roman) und Kurzformen der Epik (wie Novelle, Erzählung, Anekdote, Kurzgeschichte, Märchen, Sage, Legende, Fabel).

- **Dramatik**
  Die letzte Gattung der literarischen Textsorten ist die Dramatik. Diese Texte sind für das Theater, also für eine Aufführung bestimmt. Hier findet man neben Regieanweisungen die Sprechtexte der einzelnen Rollen. Die Dramatik lässt sich in Tragödie, Komödie und Tragikkomödie unterteilen.

Textmerkmale

▶ **Ordne mithilfe von Pfeilen die einzelnen Textsorten den entsprechenden Merkmalen zu!** ■

Textsorte:
Märchen - Kurzgeschichte - Kommentar - Nachricht - Glosse - Fabel - Sonett - Ballade - Leserbrief - Bericht

a. ______________________
- informiert kurz und knapp
- ohne eigene Meinung und Wertung
- ist vom Wichtigen zum Unwichtigen aufgebaut
- mit der Überschrift (Schlagzeile) soll das Interesse der Leserinnen und Leser geweckt werden
- Zeitform ist das Präteritum
- Satzbau ist einfach und knapp

b. ______________________
- es ist ein Erzählgedicht
- beschreibt eine dramatische Begebenheit mit Höhepunkt
- das Ende ist oft tragisch
- es kommen Dialoge vor
- Mischform der literarischen Gattungen

c. ______________________
- Zuschrift eines Lesers/einer Leserin an eine Zeitung
- der Verfasser/die Verfasserin äußert sich zu einem Sachverhalt, über den in der Zeitung berichtet wurde
- er enthält Lösungsvorschläge, weitere Anregungen, die eigene Meinung oder Hinweise

d. ______________________
- kurze, lehrhafte Erzählung
- Tiere oder Pflanzen haben typische menschliche Eigenschaften oder Verhaltensweisen
- am Schluss steht eine Lehre

e. ______________________
- Meinung des Autors/der Autorin steht im Mittelpunkt
- sachliche Informationen und Hintergrundwissen stützen die Meinung des Autors/der Autorin
- es werden Argumente genannt
- am Ende steht das Fazit des Verfassers/der Verfasserin
- Leserschaft soll angeregt werden, sich eine eigene Meinung zu einem bestimmten Sachverhalt zu bilden

f. ______________________
- geringer Umfang
- es gibt keine Nebenhandlungen
- offener Schluss
- Alltagssituation
- entscheidender Moment im Leben eines Menschen
- es gibt keine Einleitung
- überraschender Wendepunkt am Ende

g. ______________________
- weist auf spöttische Art und Weise auf Missstände hin
- erscheint oft regelmäßig an derselben Stelle
- hat einen aktuellen Bezug
- der Autor/die Autorin äußert deutlich seine/ihre Meinung
- die Äußerungen sind ironisch, übertrieben, sarkastisch
- der Leser/die Leserin wird angeregt, sich eine eigene Meinung zu bilden

h. ______________________
- längere und ausführlichere Form der Nachricht

i. ______________________
- Inhalt ist frei erfunden
- im Mittelpunkt stehen fantastische Ereignisse, wie Wünsche, Zauberei, übernatürliche Kräfte
- Hexen, Riesen etc. kommen vor
- Schwarz-Weiß-Denken
- das Gute siegt am Ende
- die Zahlen 3, 7, 13 kommen häufig vor

j. ______________________
- Gedicht mit einer festen äußeren Form
- insgesamt 4 Strophen: die ersten beiden Strophen mit je vier Versen (Quartetten) und dem Reimschema *abba*, die letzten beiden Strophen mit je drei Versen (Terzetten)
- zwischen den Quartetten und den Terzetten besteht oft ein inhaltlicher Gegensatz

Kapitel II
Literarische Texte: Analyse und Interpretation

Basiswissen

Jede Prüfung enthält einen literarischen Text, der zu analysieren (untersuchen) und zu interpretieren (deuten) ist. In der Regel ist dies entweder ein Gedicht oder eine Kurzgeschichte. In seltenen Fällen geht es auch um eine Ganzschrift (z. B. um einen Roman).

Texte werden in Sachtexte (↗ Kapitel III) und literarische Texte unterschieden. In literarischen Texten sind die Handlungen ausgedacht, also fiktional. **Literarische Texte** werden in drei Bereiche eingeteilt:

1. **Lyrik**

   Kennzeichen der Lyrik sind:
   - gebundene Form (kein Fließtext, sondern Verse und Strophen)
   - es werden Gefühle und Empfindungen zum Ausdruck gebracht
   - äußere Form mit Reimschema und Metrum
   - sprachliche und stilistische Besonderheiten (Metapher, Vergleich, Wiederholung etc.)

   Wichtige **lyrische Textsorten** sind:
   - Gedicht, Ballade, Sonett, Lied

2. **Epik** (erzählende Dichtung)

   Kennzeichen der Epik sind:
   - ungebundene Schreibweise (Prosa)
   - Fließtext ohne Vers, Reim und Metrum

   Zu den **Großformen der Epik** zählen:
   - Saga
   - Roman

   Zu den **Kurzformen der Epik** zählen:
   - Novelle, Erzählung
   - Anekdote, Kurzgeschichte
   - Märchen, Sage
   - Legende, Fabel

3. **Dramatik**

   Kennzeichen der Dramatik sind:
   - für das Theater, also für eine Aufführung bestimmt
   - Regieanweisungen
   - Sprechtexte der einzelnen Rollen

   Die **Dramatik lässt sich einteilen** in:
   - Tragödie
   - Komödie
   - Tragikkomödie

Typische Arbeitsaufträge

Bei der **Analyse/Interpretation** eines **literarischen Textes** in der Prüfung musst du:

- das Thema des Textes erfassen und die zentralen Inhalte wiedergeben.
- den Aufbau und die Struktur des Textes beschreiben.
- Deutungsvorstellungen entwickeln und formulieren.
- den Text auf textspezifische Gattungsmerkmale hin prüfen.
- einzelne sprachliche Bilder herausarbeiten und anschließend im Gesamtkontext deuten.
- Textauszüge und Textaussagen in einen übergeordneten Zusammenhang einordnen.
- Textaussagen bewerten und beurteilen.
- die anfänglichen Vermutungen zu den abschließenden Analyse-Ergebnissen in Beziehung setzen.

In diesem Kapitel trainierst du:

- die Analyse und Interpretation einer **Kurzgeschichte**
- die Analyse und Interpretation eines **Gedichtes**

1 Kurzgeschichte

Im Gegensatz zur Lyrik sind die Texte der Epik (erzählende Dichtung) in Prosa verfasst, das heißt also in ungebundener Schreibweise ohne Vers, Reim und Metrum. Die Kurzgeschichte zählt zu den Kurzformen der Epik. Meist wird darin eine Alltagssituation dargestellt. Aufgrund ihrer Kürze eignet sie sich für die Prüfung besonders gut. Die Prosatexte in der Prüfung sind daher meistens Kurzgeschichten.

Gut zu wissen

Die **Merkmale einer Kurzgeschichte** sind:

- geringer Umfang
- es gibt keine Nebenhandlungen
- offener Schluss
- Alltagssituation
- entscheidender Moment im Leben eines Menschen
- es gibt keine Einleitung
- überraschender Wendepunkt am Ende

Bei den **sprachlichen Gestaltungsmitteln** einer Kurzgeschichte unterscheidet man Satzbau, Wortwahl und rhetorische Figuren:

Satzbau

Gestaltungsmittel	Erklärung	Beispiel
Kurze/einfache Sätze	Vollständige Sätze, die kein oder nur ein Objekt besitzen.	Ich gehe.
Lange Sätze	Meist **Satzgefüge**, in denen Hauptsätze mit Nebensätzen verknüpft sind. Auch **Satzreihen**, die mehrere Hauptsätze aneinanderreihen, gehören hierzu.	Ich versuche das jetzt, denn eine zweite Chance kommt nie wieder. Das Wasser ist kalt und ich will trotzdem schwimmen.
Aufzählungssätze	Gleichrangiges wird in einem Satz aufgezählt.	Ich mag Pflaumen, Äpfel und Birnen.
Satzellipsen	Grammatisch unvollständige Sätze, in denen Wörter (oft Verben) ausgelassen werden.	Ende gut, alles gut.
Inversionen	Umkehrungen der normalen Wortstellung.	Ein Lügner ist er.

Wortwahl

Gestaltungsmittel	Erklärung	Beispiel
Besondere Nomen (Hauptwörter): ■ Verben, die als Nomen gebraucht werden ■ Zusammengesetzte Nomen	Durch Erkennungszeichen für Nomen (z. B. Artikel) werden Verben zu Nomen. Ein neues Nomen entsteht durch zwei oder mehr zusammengesetzte einzelne Nomen.	Beim Arbeiten, das Laufen Naturschutzgebiet
Besondere Verben (Tätigkeitswörter): ■ Präfixverben ■ Reflexive Verben	Verben, die sich nur durch ihre Vorsilben unterscheiden. Verben, die mit „sich“ in Verbindung stehen, wodurch ein Bezug zum Handelnden hergestellt wird.	Vormachen, mitmachen Sich schieben, sich ansehen
Besondere Adjektive (Eigenschaftswörter): ■ Farbadjektive ■ Steigerungen	Adjektive, die farbliche Eigenschaften beschreiben. Gesteigerte Adjektive (1. und 2. Steigerungsstufe), auch zum Vergleich.	Grün, goldig, gelb Größer, schöner, am besten

Rhetorische Figuren

Gestaltungsmittel	Erklärung	Beispiel
Vergleich	Dient der Veranschaulichung und ist meistens an den Vergleichswörtern *wie* und *als* zu erkennen.	Er kämpft wie ein Löwe.
Metapher	Sprachliches Bild, das eine übertragene Bedeutung hat.	Die Blüte des Lebens
Hyperbel	Übertreibung, sodass die Aussage wörtlich genommen nicht zutreffend ist.	Das sagte ich dir schon tausendmal.
Ironie	Es ist genau das Gegenteil zu dem wörtlich Ausgesagten gemeint.	Dies ist ja eine schöne Bescherung.
Wiederholung	Wörter werden unregelmäßig in beieinanderstehenden Sätzen wiederholt.	Er sah das. Nur er verstand es nicht.
Rhetorische Frage	Sie wird nur zum Schein gestellt, da eine Antwort nicht erwartet wird oder schon vorgegeben ist.	Glaubst du das wirklich?

Übung 1: Im Spiegel (Margret Steenfatt)

▶ **Interpretiere die nachfolgende Kurzgeschichte von Margret Steenfatt!**

Im Spiegel

„Du kannst nichts", sagten sie, „du machst nichts, aus dir wird nichts." Nichts. Nichts. Nichts. Was war das für ein NICHTS, von dem sie redeten und vor dem sie offensichtlich Angst hatten, fragte sich Achim, unter Decken und Kissen vergraben. Mit lautem Knall schlug die Tür hinter ihnen zu.

Achim schob sich halb aus dem Bett. Fünf nach eins. Wieder mal zu spät. Er starrte gegen die Zimmerdecke. - Weiß. Nichts. Ein unbeschriebenes Blatt Papier, ein ungemaltes Bild, eine tonlose Melodie, ein ungesagtes Wort, ungelebtes Leben.

Eine halbe Körperdrehung nach rechts, ein Fingerdruck auf den Einschaltknopf seiner Anlage. Manchmal brachte Musik ihn hoch.

Er robbte zur Wand, zu dem großen Spiegel, der beim Fenster aufgestellt war, kniete sich davor und betrachtete sich: lang, knochig, graue Augen im blassen Gesicht, hellbraune Haare, glanzlos. „Dead Kennedys" sangen: „Weil sie dich verplant haben, kannst du nichts anderes tun als aussteigen und nachdenken." Achim wandte sich ab, erhob sich, ging zum Fenster und schaute hinaus. Straßen, Häuser Läden, Autos, Passanten, immer dasselbe.

Zurück zum Spiegel, näher heran, so nahe, dass er glaubte das Glas zwischen sich und seinem Spiegelbild durchdringen zu können. Er legte seine Handflächen gegen sein Gesicht im Spiegel, ließ seine Finger sanft über Wangen, Augen, Stirn und Schläfen kreisen, streichelte, fühlte nichts als Glätte und Kälte.

Ihm fiel ein, dass in dem Holzkasten, wo er seinen Kram aufbewahrte, noch Schminke herumliegen musste. Er fasste unters Bett, wühlte in den Sachen im Kasten herum und zog die Pappschachtel heraus, in der sich einige zerdrückte Tuben fanden. Von der schwarzen Farbe war noch ein Rest vorhanden. Achim baute sich vor dem Spiegel auf und malte zwei dicke Striche auf das Glas, genau dahin, wo sich seine Augenbrauen im Spiegel zeigten. Weiß besaß er reichlich. Er drückte eine Tube aus, fing die weiche ölige Masse in seinen Händen auf, verteilte sie auf dem Spiegel über Kinn, Wangen und Nase und begann, sie langsam und sorgfältig zu verstreichen. Dabei durfte er sich nicht bewegen, sonst verschob sich seine Malerei. Schwarz und Weiß sehen gut aus, dachte er, fehlt noch Blau. Achim grinste seinem Bild zu, holte das Blau aus dem Kasten und färbte noch die Spiegelstellen über Stirn und Augenlidern.

Eine Weile verharrte er vor dem bunten Gesicht, dann rückte er ein Stück zur Seite und wie ein Spuk tauchte sein farbloses Gesicht im Spiegel wieder auf, daneben eine aufgemalte Spiegelmaske. Er trat einen Schritt zurück, holte mit dem Arm weit aus und ließ seine Faust in die Spiegelscheibe krachen. Glasteile fielen herunter, Splitter verletzten ihn, seine Hand fing an zu bluten. Warm rann ihm das Blut über den Arm und tröpfelte zu Boden. Achim legte seinen Mund auf die Wunden und leckte das Blut ab. Dabei wurde sein Gesicht rot verschmiert.

Der Spiegel war kaputt. Achim suchte sein Zeug zusammen und kleidete sich an. Er wollte runtergehen und irgendwo seine Leute treffen.

Margret Steenfatt: Im Spiegel. Aus: H. J. Gelberg (Hg.): 7. Jahrbuch der Kinderliteratur. Beltz & Gelberg, Weinheim/Basel 1984, S. 218 ff.

Schritt 1: Inhaltsangabe

HINWEIS Der erste Teil einer Interpretation ist die kurze Wiedergabe des Textes. Für diese Inhaltsangabe musst du den Text vollständig verstanden haben und im Einleitungssatz erfassen, was das Thema der Kurzgeschichte ist.

1 Vorbereitung des Einleitungssatzes

1.1 Welche der Aussagen erfasst am besten, worum es in der Kurzgeschichte geht? Kreuze an! ■■

- ☐ **a.** Der Junge Achim hat keine Lust, morgens aufzustehen.
- ☐ **b.** Die Eltern des Jungen Achim kümmern sich nicht um ihn.
- ☐ **c.** Achim will sich hinter einer Maske verstecken.
- ☐ **d.** Achim möchte Maler werden.
- ☐ **e.** Die Hauptperson der Kurzgeschichte ist wütend auf sich selbst.
- ☐ **f.** Achim befindet sich in einer schwierigen Phase des Erwachsenwerdens und hat Konflikte mit sich selbst und anderen.
- ☐ **g.** Die Hauptperson fühlt sich unverstanden.

1.2 Schreibe nun den Einleitungssatz der Inhaltsangabe, in dem du Autorin, Titel, Textart und Inhalt/Thema benennst! Vervollständige den folgenden Satz. ■■

In der ______________________ *„Im* ______________________ *" von* ______________________

geht es um/darum, dass ____

____

2 Vorbereitung der Inhaltsangabe

2.1 Bereite die Wiedergabe des Inhaltes vor, indem du die Kurzgeschichte in Sinnabschnitte einteilst. Notiere in Stichwörtern oder in einem kurzen Satz, was in jedem Abschnitt geschieht! ■

TIPP Gehe hier von vier Abschnitten aus!

Zeile 1–11:
Achim hat verschlafen und wird mit Vorwürfen konfrontiert.

Zeile 12–____:

____

____

Zeile ____–____:

____

____

Zeile ____–____:

____

3 Inhaltsangabe

3.1 Schreibe nun eine zusammenhängende Inhaltsangabe. Zieh deine Vorarbeiten mit ein und bedenke, dass du ... ■■

a. ... einen passenden Einleitungssatz verfasst (den hast du bereits erstellt! ↗ 1.2).
b. ... sachlich schreibst.
c. ... in der Gegenwart (Präsens) schreibst.
d. ... nur das wirklich Wichtige anführst.
e. ... chronologisch die wesentlichen Erzähl- und Handlungsschritte wiedergibst.

Schritt 2: Hauptteil erstellen

HINWEIS **Im Hauptteil musst du nun verschiedene Aspekte der Kurzgeschichte analysieren und deuten.**

1 Erzählperspektive

HINWEIS **Obwohl jede Geschichte einen Erzähler oder eine Erzählerin hat, kann auf eine ganz unterschiedliche Art erzählt werden. In der Prüfung wird daher von dir verlangt, dass du die Erzählweise der jeweiligen Geschichte genauer untersuchst. Im Wesentlichen lassen sich hierbei drei Erzählperspektiven unterscheiden.**

1.1 Kreuze nachfolgend an, wenn das jeweilige Merkmal bei der vorliegenden Kurzgeschichte zutrifft. Du findest schnell die passende Erzählperspektive bei den drei Möglichkeiten, wenn alle Unterpunkte als zutreffend angekreuzt sind. ■

Ich-Perspektive / Ich-Erzähler:
- ☐ Die Erzählerin lässt die Leserinnen und Leser an ihren persönlichen Erfahrungen teilhaben.
- ☐ Es wird in der Ich-Form erzählt, also aus Sicht Achims.
- ☐ Das Erzählte wirkt sehr direkt und subjektiv.

Allwissender / auktorialer Erzähler:
- ☐ Die Erzählerin erzählt aus einer größeren Distanz, scheinbar objektiv.
- ☐ Es wird in der Er- / Sie-Form geschrieben.
- ☐ Die Erzählerin beschreibt je nach Absicht auch die Gedanken und Gefühle Achims. (= Erzählung aus der Innensicht)
- ☐ Die Person wird zudem beschreibend aus der Außensicht dargestellt.
- ☐ Die Erzählerin überblickt das erzählte Geschehen.

Personale Erzählperspektive / personaler Erzähler:
- ☐ Die Erzählerin schildert ausschließlich die Gedanken und Gefühle Achims. (= Er- / Sie-Erzählung aus der Innensicht)

1.2 Zusätzlich werden noch weitere Angaben benötigt. Kreuze an, was zutrifft! ■

Allgemein:
- ☐ Es wird in der Gegenwart erzählt.
- ☐ Die Geschichte wird chronologisch erzählt.
- ☐ Die Erzählerin verwendet Zeitformen der Vergangenheit.

2 Personen und Handlung

> **HINWEIS** **Als nächstes schaust du dir die Personen an und untersuchst, in welcher Beziehung sie zueinander stehen. Danach machst du dir Gedanken zur Handlung. Die nachfolgenden Fragen helfen dir dabei.**

2.1 Wer ist die hauptsächlich handelnde Person in der Kurzgeschichte? ■ ______________________

2.2 Welche anderen Personen werden erwähnt? Spekuliere und begründe, wer diese sein könnten! ■

____

____

____

____

2.3 Wie ist das Verhältnis der Personen zueinander (Achim – „sie“/Achim – „seine Leute“)? ■■

____

____

____

____

2.4 Beschreibe Achims Selbstsicht (Z. 17–18)! ■■

____

____

____

____

2.5 Warum malt Achim sein Gesicht im Spiegel „bunt“ an? Was geht in ihm vor? Überlege auch, wofür die „bunte“ Spiegelmaske stellvertretend stehen könnte! ■■■

____

____

____

____

2.6 Versuche, die Zerstörung des Spiegels/der Spiegelmaske zu deuten, nachdem sein eigenes Gesicht daneben auftaucht (Z. 50–55)! ■■■

____

____

____

____

3 Sprachliche Gestaltung

> **HINWEIS Die Form eines Textes, seine sprachliche Gestaltung also, muss bei einer Interpretation nicht nur erkannt, sondern immer mit dem Inhalt und der Wirkung verknüpft werden (= Herausstellen der Bedeutung). Die zentrale Fragen lauten: Wie wird was ausgesagt und welche Wirkung wird dadurch erzielt? Am besten wiederholst du hierfür vorher noch einmal die sprachlichen Gestaltungsmittel (Satzbau, Wortwahl, rhetorische Figuren).**

3.1 Untersuche zunächst die Kurzgeschichte auf die oben genannten sprachlichen Gestaltungsmittel und markiere sie unterschiedlich farbig. Fülle anschließend die nachstehende Tabelle bezüglich der inhaltlichen Wirkung aus. ■■■

Sprachliche Gestaltung	**Inhalt/Wirkung**
Aufzählungssätze (Z. 9–10, 15–16, 18–19, 26–29)	Der chronologische Ablauf der Aktivitäten Achims wird verdeutlicht.
Wiederholung des Wortes „nichts“ (siebenmal in den ersten drei Zeilen)	Hervorhebung der Vorwürfe Achim gegenüber, ein Nichtsnutz und Nichtskönner zu sein (vgl. 2.2, 2.3)
Wiederholung des Wortes „sie“ (Z. 1/3)	____________ ____________ ____________ (vgl. 2.2, 2.3)
Metaphern (Z. 9–11)	Achims Wahrnehmung der für ihn trostlosen Umgebung
Metapher „brachte Musik ihn hoch“ (Z. 13–14)	____________ ____________ ____________
Reflexive Verben (schob sich (Z. 7), kniete sich (Z. 16), betrachtete sich (Z. 16), wandte sich ab (Z. 20), erhob sich (Z. 21), baute sich auf (Z. 35), kleidete sich an (Z. 59))	____________ ____________ ____________ ____________
Metapher „glanzlos“ (Z. 18)	____________ ____________ ____________ (vgl. 2.4)
Vergleich „wie ein Spuk“ (Z. 48)	____________ ____________ (vgl. 2.6)
Metapher „seine Leute“ (Z. 60)	____________ ____________ ____________ (vgl. 2.2, 2.3)

4 Textart und Aufbau

4.1 Die jeweilige Textart spielt natürlich eine wichtige Rolle bei der Interpretation. Was macht eigentlich eine Kurzgeschichte aus? Kreuze bei den Merkmalen die richtigen Antworten an! ■

In einer Kurzgeschichte ...

- ☐ ... wird eine alltägliche Situation dargestellt.
- ☐ ... wird häufig eine kurze Momentaufnahme oder eine besonders konfliktreiche Lebenssituation dargestellt.
- ☐ ... werden sehr ausschweifend alle Charaktere beschrieben.
- ☐ ... stehen meist wenige Personen, um die es geht, im Mittelpunkt.
- ☐ ... findet eine ausführliche Einführung in das Geschehen statt.
- ☐ ... bleibt der Schluss meist offen, wodurch der Leser/die Leserin zum Nachdenken angeregt wird.
- ☐ ... bleibt der Anfang unvermittelt, das heißt, der Leser/die Leserin wird direkt in die Situation versetzt, ohne eingeführt zu werden.
- ☐ ... werden Geschehnisse über einen längeren Zeitraum detailliert geschildert.
- ☐ ... findet sich eine einfache und alltägliche Sprache, die gut verständlich ist.

4.2 Schreibe auf, inwiefern die vorliegende Kurzgeschichte „Im Spiegel“ Merkmale einer Kurzgeschichte aufweist! Vergiss nicht, hierfür Textbelege zu nennen! ■■

In der Kurzgeschichte „Im Spiegel“ wird ein für diese Textart typisches Merkmal aufgezeigt, nämlich dass

______________________________ *. Inhaltlich zeigt sich dies* ____________________

Schritt 3: Schluss verfassen

HINWEIS Im Schlussteil musst du eine persönliche Stellungnahme und Wertung der Kurzgeschichte vornehmen. Hier kannst du aufschreiben, was dir daran gefallen hat oder auch nicht. Dein Urteil sollte aber begründet und am Text belegt sein. Natürlich kannst du auch aufnehmen, was in deinen Augen an der Kurzgeschichte von Bedeutung für die Leserinnen und Leser ist oder welche Fragen offengeblieben sind.

1 Schluss

1.1 Notiere zunächst Stichpunkte für deine Stellungnahme und sortiere sie nach Positivem und Negativem! Vergiss nicht, den Zeilenbeleg mitanzugeben! Anschließend nummerierst du deine Argumente nach ihrer Wichtigkeit. ■

+ (Gut gefallen hat mir...)	– (Nicht so gut gefallen hat mir ...)
______	______
______	______
______	______
______	______
______	______
______	______
______	______
______	______

1.2 Formuliere aus deinen Stichpunkten den Schluss, in dem du die Kurzgeschichte „Im Spiegel" bewertest und eine persönliche Stellungnahme abgibst! Die Formulierungshilfen erleichtern dir den Anfang. ■■

Formulierungshilfen

- *Ich bin der Meinung, dass ...*
- *Meines Erachtens ...*
- *Gut gefallen an der Kurzgeschichte hat mir(,) ...*
- *Persönlich bleibt bei der Kurzgeschichte für mich unklar, ...*
- *Unverständlich finde ich an der Kurzgeschichte, dass ...*
- *Was ich gut nachvollziehen kann, ist(,) ... , aber ...*
- *Besonders gut finde ich(,) ...*

____

____

____

____

____

____

____

____

Gliederung und Aufsatz

> **HINWEIS Schreibe anhand deiner Vorarbeiten einen zusammenhängenden Aufsatz. Die Inhaltsangabe mit Einleitungssatz hast du bereits verfasst. Formuliere anschließend den Hauptteil deiner Interpretation, dabei hilft dir die nachstehende Gliederung. Den Schluss hast du auch schon fertig! Ihn stellst du an das Ende deiner Interpretation.**

Gliederungsschema: Interpretation einer Kurzgeschichte

1 **Einleitungssatz** (Nennung von Autor / Autorin, Textart, Titel und Thema in einem Satz) und **Inhaltsangabe**

2 **Hauptteil:**
- Darlegung der Ergebnisse der Textanalyse (= *Analyse*)
  - **a.** Erzählperspektive
  - **b.** Personen / Handlung
  - **c.** Sprachliche Gestaltung (Wortwahl, Satzbau, Sprachebene, Stilmittel)
  - **d.** Textart / Aufbau
- Verknüpfung der einzelnen Analyse-Ergebnisse mit Inhalt und Wirkung (= *Interpretation*)

3 **Schluss:**
- Persönliche Stellungnahme und begründete Wertung

> **TIPP Dieses Gliederungsschema kannst du dir generell für die Interpretation einer Kurzgeschichte einprägen. Die drei Hauptteile (Einleitung, Hauptteil, Schluss) kannst du auch A, B, C nennen.**

1 Hauptteil

1.1 Formuliere nun noch mithilfe deiner Vorarbeiten aus Schritt 2 einen zusammenhängenden Text für den Hauptteil deiner Interpretation. ■■■

Schnell-Check Interpretation Kurzgeschichte

	☹	☺
Inhalt		
Meine Einleitung besteht aus Einleitungssatz und Inhaltsangabe.		
In der Einleitung habe ich die Autorin, den Titel, die Textart und das Thema der Kurzgeschichte genannt und mich auf das Wesentliche beschränkt.		
Meine Einleitung ist sachlich und im Präsens (Gegenwart) verfasst.		
Im Hauptteil bin ich chronologisch vorgegangen.		
Ich habe die Erzählperspektive richtig erkannt und mit Textstellen belegt.		
Die sprachlichen Besonderheiten habe ich am Inhalt belegt. Ihre Wirkung in Bezug auf Personen und Handlung habe ich berücksichtigt.		
Ich habe die Merkmale einer Kurzgeschichte genannt und sie am Text belegt.		
Meine Stellungnahme und die Bewertung sind gut begründet.		
Ich habe einzelne Aspekte herausgearbeitet, die mir besonders wichtig erscheinen.		
Ausdruck		
Ich habe alles im Präsens (Gegenwart) verfasst.		
Meine Formulierungen sind klar und deutlich.		
Meine Satzanfänge variieren.		
Meine Sätze sind abwechslungsreich aufgebaut, Schachtelsätze habe ich vermieden.		
Grammatik, Rechtschreibung, Zeichensetzung		
Die Fremdwörter und Wörter, bei deren Schreibung ich nicht sicher bin, habe ich im Wörterbuch nachgeschlagen.		
Ich habe mich verständlich ausgedrückt. Meine Sätze sind grammatikalisch korrekt.		
Rechtschreibung und Zeichensetzung habe ich mehrmals überprüft. Dabei habe ich auf meine Fehlerschwerpunkte geachtet.		
Form		
Ich habe meine Interpretation in Einleitung, Hauptteil und Schluss eingeteilt.		
Ich konnte Durchstreichungen und spätere Einfügungen vermeiden, weil ich mich an meine Stichpunkte gehalten habe. Meine Schrift ist gut lesbar.		
Ich habe meinen Aufsatz mithilfe von Absätzen übersichtlich gegliedert.		

2 Gedicht

In fast jeder Prüfung wird eine Gedichtinterpretation verlangt. Es lohnt sich also, die formalen Aufbau-Prinzipien und die in der Lyrik bevorzugten sprachlichen und stilistischen Mittel besonders gut zu lernen. Viele der sprachlichen Gestaltungsmittel finden auch in anderen literarischen Texten Verwendung.

Gut zu wissen

Gedichte bestehen im Allgemeinen aus Reimen, die durch den Gleichklang am Ende der Verse zustande kommen. Es können sich auch Wörter reimen, die im Schriftbild unterschiedlich aussehen. Die Reimpaare kennzeichnet man mit den gleichen kleinen Buchstaben in alphabetischer Reihenfolge. Daraus ergibt sich das sogenannte **„Reimschema“**.

Reimart	**Erklärung**	**Beispiel**	**Reimschema**
Paarreim	Hier reimen sich jeweils die beiden aufeinander folgenden Verse.	Lust – Frust	a a
Kreuzreim	Der Reim folgt erst im übernächsten Vers.	Welt – Herz – fällt – Schmerz	a b a b
Umarmender Reim	Hier „umarmt“ ein Reim einen Paarreim.	Singen – halten – walten – springen	a b b a
Haufenreim	Mehrere aufeinander folgende Verse reimen sich.	Haus – Maus – Laus – Graus	a a a a
Schweifreim	Es handelt sich um eine Kombination aus einem Paarreim und einem umarmenden Reim.	Spatz – Schatz – klingen – lachen – wachen – singen	a a b c c b

Deine Gedichtbeschreibungen und Deutungen musst du am Text belegen. Beachte hierfür die **Zitierregeln**:

- Der wörtlich übernommene Text wird in **Anführungszeichen** gesetzt.
- Unmittelbar im Anschluss an die zitierte Textstelle folgt in Klammern die **Zeilenangabe**. Bei Gedichten bezeichnet man die einzelnen Zeilen als Verse. Du kannst das Wort „Vers“ in der Klamer mit „V.“ abkürzen. Vergiss nicht, auch die Strophe mitanzugeben!

Übung 2: Willkommen und Abschied (J. W. v. Goethe)

▶ **Interpretiere das nachfolgende Gedicht von Johann Wolfgang von Goethe!**

Willkommen und Abschied (1789)

Es schlug mein Herz, geschwind zu Pferde!
Es war getan fast eh gedacht;
Der Abend wiegte schon die Erde,
Und an den Bergen hing die Nacht;
Schon stand im Nebelkleid die Eiche,
Ein aufgetürmter Riese, da,
Wo Finsternis aus dem Gesträuche
Mit hundert schwarzen Augen sah.

Der Mond von einem Wolkenhügel
Sah kläglich aus dem Duft hervor,
Die Winde schwangen leise Flügel,
Umsausten schauerlich mein Ohr;
Die Nacht schuf tausend Ungeheuer,
Doch frisch und fröhlich war mein Mut:
In meinen Adern welches Feuer!
In meinem Herzen welche Glut!

Dich sah ich, und die milde Freude
Floss von dem süßen Blick auf mich;
Ganz war mein Herz auf deiner Seite
Und jeder Atemzug für dich.
Ein rosenfarbnes Frühlingswetter
Umgab das liebliche Gesicht,
Und Zärtlichkeit für mich - ihr Götter!
Ich hofft es, ich verdient es nicht!

Doch ach, schon mit der Morgensonne
Verengt der Abschied mir das Herz:
In deinen Küssen welche Wonne!
In deinem Auge welcher Schmerz!
Ich ging, du standst und sahst zur Erden
Und sahst mir nach mit nassem Blick:
Und doch, welch Glück, geliebt zu werden!
Und lieben, Götter, welch ein Glück!

Johann Wolfgang von Goethe: Gedichte. Hrsg. und kommentiert von Erich Trunz. München 1988

Schritt 1: Vorarbeiten

HINWEIS Um ein Gedicht interpretieren zu können, musst du am Text viele Vorarbeiten zu formalen Elementen, sprachlichen Mitteln und zur Erschließung der Stropheninhalte vornehmen. Das Erkennen von Reimschemata oder bestimmter Stilfiguren mag anfangs kompliziert erscheinen, ist aber reine Übungssache. Wenn du einige Gedichte interpretiert hast und mit der Vorgehensweise vertraut bist, bist du schon fast auf der sicheren Seite. Es reicht, wenn du einige Sprach- und Stilmittel erkennst. In der Prüfung wird von dir nicht erwartet, dass du alle nachweist.

TIPP Das erledigst du am besten, indem du „mit dem Stift" liest, also Randbemerkungen am Text machst und Wichtiges unterstreichst.

1 Formaler Aufbau

Reimschema und Reimarten:

1.1 Betrachte die Versenden der ersten Strophe und bestimme mit kleinen Buchstaben das Reimschema! Verwende a für das erste Versende, b für das zweite usw. Die Versenden, die sich reimen, markierst du mit gleichen Buchstaben. Kontrolliere auch die weiteren Strophen und unterstreiche Abweichungen, falls welche vorhanden sind. ■

1.2 Welche Aussage trifft auf Reimarten und Reimschema in dem Gedicht zu? Kreuze an! ■

- ☐ **a.** In jeder Strophe befinden sich vier Paarreime mit dem Reimschema aabbccdd.
- ☐ **b.** Jede Strophe weist einen umarmenden Reim und zwei Kreuzreime mit dem Reimschema abbacdcd auf.
- ☐ **c.** Man findet pro Strophe vier Kreuzreime mit dem Reimschema ababcdcd und alle Reime sind sauber.
- ☐ **d.** In Goethes Gedicht gibt es durchgängig keine Reimarten.
- ☐ **e.** Pro Strophe werden vier Kreuzreime mit dem Reimschema ababcdcd verwendet, wobei in Strophe 1 der c-Kreuzreim, in Strophe 3 der a- und c-Kreuzreim und in Strophe 4 der d-Kreuzreim unsauber sind.

Kadenzen (Geschlecht) der Endreime:

1.3 Wenn der Gleichklang der Versenden bei den Reimen einsilbig ist (z. B. gut – Mut), ist der Endreim männlich. Bei einer Zweisilbigkeit spricht man von einer weiblichen Kadenz des Reimes (z. B. Son|ne – Won|ne). Lege nun mit Buchstaben (m./w.) am Rand des Gedichtes die jeweilige Kadenz der Reime fest! ■

1.4 Welche der Aussagen treffen bei diesem Gedicht zu? Kreuze an! ■■

- ☐ **a.** Die Kadenzen aller Reime sind männlich.
- ☐ **b.** Die a- und c-Kreuzreime besitzen eine weibliche Kadenz.
- ☐ **c.** Die b- und d-Kreuzreime sind männlich.
- ☐ **d.** Alle Kadenzen der Kreuzreime sind weiblich.
- ☐ **e.** Die a- und b-Kreuzreime weisen eine weibliche Kadenz auf.
- ☐ **f.** Die c- und d-Kreuzreime sind männlicher Kadenz.
- ☐ **g.** Da es in dem Gedicht keine Reime gibt, sind auch die Kadenzen nicht zu bestimmen.

Metrum:

1.5 Lies die ersten beiden Verse der ersten Strophe bewusst mit verschiedenen Silbenbetonungen und laut! Es ergibt sich eine bestimmte flüssige Folge betonter und unbetonter Silben. Dieser Aufbau ist dir als Metrum bekannt und muss nun bestimmt werden. Gehe Silbe für Silbe durch und markiere die unbetonten Silben mit einem u, die betonten Silben mit einem b (schreibe zwischen die Gedichtzeilen). Daraus ergibt sich automatisch das Metrum. ■■

1.6 Kreuze an, welche Aussage zutrifft! ■■

- ☐ **a.** Goethe verwendet als Metrum den Trochäus (betont - unbetont).
- ☐ **b.** In dem Gedicht findet sich als Metrum der Jambus (unbetont - betont).
- ☐ **c.** Als Metrum lässt sich der Daktylus (betont - unbetont - unbetont) erkennen.
- ☐ **d.** Das Metrum ist nicht eindeutig zu erkennen.

Erzählperspektive:

1.7 Auch ein Gedicht kann auf verschiedene Weise erzählt werden. Die vorliegende Erzählperspektive musst du bestimmen. Kreuze an! ■

- ☐ **a.** Das Gedicht wird aus der Perspektive des lyrischen Ichs erzählt.
- ☐ **b.** Der Erzähler ist hier ein auktorialer, der außerhalb des Gedichtes steht.
- ☐ **c.** Da hier nur Fakten wiedergegeben werden, handelt es sich um einen neutralen Erzähler.

Tempus:

1.8 Welche Erzählzeit liegt in dem Gedicht vor? Gibt es Ausnahmen? Kreuze an! ■■

- ☐ Es wird nur in der Gegenwart (Präsens) geschrieben.
- ☐ Die Erzählzeit ist die Vergangenheit (Präteritum) mit einer Ausnahme in Strophe 4, Vers 2. Hier wird in der Gegenwart geschrieben.
- ☐ Das gesamte Gedicht ist im Futur (Zukunft) verfasst.

2 Sprachliche Mittel

2.1 In dem Gedicht hat Goethe unterschiedliche sprachliche Stilmittel verwendet, die du mithilfe von Markierungen herausfinden musst. Ordne zunächst zur Wiederholung dem jeweiligen Fachbegriff die passende Erklärung durch eine Verbindungslinie zu! ■■

Fachbegriff	Erklärung
1. Metapher	a. Es soll besondere Aufmerksamkeit auf eine Aussage gelenkt werden.
2. Personifikation	b. Menschliche Eigenschaften werden Dingen oder Tieren zugesprochen. (= Belebung)
3. Anruf	c. Mehrere Wörter beginnen mit dem gleichen Anlaut.
4. Antithese	d. Wörter werden unregelmäßig wiederholt.
5. Anapher	e. Zwei Bildbereiche werden in einen neuen, ungewöhnlichen Zusammenhang gebracht.
6. Alliteration	f. Gegenüberstellung entgegengesetzter Begriffe
7. Parallelismus	g. Wortwiederholung am Anfang der Verse
8. Wiederholung	h. Verschiedene Verse sind gleich aufgebaut.

(Beispiel-Verbindungslinie: 6. Alliteration — c.)

2.2 Suche und markiere in dem Gedicht die entsprechenden Stilmittel! Notiere zusätzlich die Strophe und den Vers! ■■■

Metapher:

___

Personifikation:

___

Anruf:

___

Antithese:

___

Anapher:

___

Alliteration:

___

Parallelismus:

___

Wiederholung:

___

3 Stropheninhalt

3.1 Notiere kurz und stichwortartig, worum es in den einzelnen Strophen geht! ■■

> TIPP **Achte auf die Tageszeiten!**

Strophe 1: ___

___

Strophe 2: ___

___

Strophe 3: ___

___

Strophe 4: ___

___

Schritt 2: Einleitung schreiben

HINWEIS **Die Einleitung einer Gedichtinterpretation muss Angaben zu Titel, Verfasser, Erscheinungsjahr, Thema und Gattung beinhalten. Denk auch daran, deinen unmittelbaren Eindruck wiederzugeben, den du hattest, als du das Gedicht das erste Mal gelesen hast.**

TIPP **Wenn dir hierzu nichts einfällt, versuche die Stimmung zu beschreiben, die das Gedicht vermittelt.**

1 **Einleitung**

1.1 Wähle aus den Angaben die richtige Formulierung aus und vervollständige damit den nachfolgenden Lückentext: ■

1789 – Liebeslyrik – Treffen zweier sich liebenden Personen – emotional – Willkommen und Abschied – Johann Wolfgang von Goethe

Das von ______________________ *im Jahre* __________ *überarbeitete Gedicht „* ______________________ *" gehört zur Gattung der* __________ .

Es handelt von dem ____

____ .

Der erste Eindruck nach dem Lesen und die Stimmung in dem Gedicht sind sehr __________ .

Schritt 3: Hauptteil erstellen

1 **Formale Aspekte**

HINWEIS **Der Hauptteil beschäftigt sich mit zwei wesentlichen Aspekten. Zunächst muss du Angaben zum formalen Aufbau machen (Strophenanzahl, Versanzahl pro Strophe, Reimarten, Reimschema, Kadenzen, Metrum, Erzählperspektive und Tempus). Diese hast du schon herausgearbeitet.**

1.1 Benutze deine Vorarbeiten und fülle den Lückentext aus! ■

Das Gedicht besteht aus ______________________ *mit jeweils* __________ .

Pro Strophe finden sich ______________________________ *nach dem Reimschema* __________ . *Unsauberkeiten in den Reimen sind in* ______________________

____

____ *vorhanden.*

Das verwendete Metrum ist der ______________________ . *Es wird aus der Perspektive des lyrischen* ______________________ *geschrieben. Die bis auf eine Ausnahme verwendete Erzählzeit ist* ______________________________ . *Die Abweichung in die Gegenwart findet sich in* __________________ , *Vers* __________________ .

2 Inhaltliche Wirkung der Stilmittel

HINWEIS Weiterhin musst du die Stilmittel und ihre Wirkung untersuchen. Dabei kannst du auf deine Vorarbeiten zurückgreifen. Die rhetorischen Mittel hast du schon herausgearbeitet. Jetzt analysierst du ihre inhaltliche Wirkung. Hierbei gehst du strophenweise vor. Beschreibe zuerst kurz den Stropheninhalt und stelle dir dann die Frage: Was wird wie ausgesagt?

2.1 Vervollständige hierzu die Tabellen! ■■■

Inhalt Strophe 1: Der Ritt des lyrischen Ichs am frühen Abend wird stimmungsreich beschrieben.

Rhetorisches Mittel	Inhaltliche Wirkung
■ Anruf 2 (V. 1) und Anapher (V. 1/2)	■ Es wird dargestellt, dass das lyrische Ich es eilig hat und sich körperlich anstrengt.
■ Metapher (V. 3/4)	■ Der anbrechende Abend als Tageszeit wird verdeutlicht.
■ Metapher (V. 5/6) und Personifikation (V. 7/8)	■ Beschreibung einer etwas unheimlichen Stimmung während des Ritts

Inhalt Strophe 2: Der Ritt durch die beginnende Nacht wird weiterhin beschrieben.

Rhetorisches Mittel	Inhaltliche Wirkung
■ Personifikation (V. 1/2), Metaphern (V. 3 u. 5)	■ Das lyrische Ich scheint sich in der schaurigen Nacht zu fürchten.
■ Alliteration (V. 6)	■ ____________________
■ Anrufe, Anapher, Metaphern, Parallelismus (V. 7/8)	■ Das lyrische Ich empfindet ____________ auf die geliebte Person und scheint sehr ____________ zu sein.

Inhalt Strophe 3: ______________________________ (= Willkommen)

Rhetorisches Mittel	Inhaltliche Wirkung
■ Metaphern (V. 2/3)	■ ____________________ ____________________
■ Metapher (V. 5/6)	■ Verliebte Beschreibung der ____________________
■ ____________ (V. 7/8)	■ ____________________ ____________________

Inhalt Strophe 4: Die Trennung des lyrischen Ichs von ______________________ am nächsten Morgen wird unter Aussparung der ______________________ dargestellt (= Abschied).

Rhetorisches Mittel	Inhaltliche Wirkung
■ ______________ (V. 2)	■ ______________________
■ Antithese, Anapher, ______________, Parallelismus (V. 3/4)	■ Es wird betont, welchen ______________ auch die geliebte Person bei der Trennung empfindet.
■ Antithese (V. 5) u. ______________ (V. 6)	■ Das lyrische Ich verlässt die geliebte ______________, welche dabei ______________.
■ ______________, Anapher, Wiederholung des Wortes „Glück“ (V. 7/8)	■ Trotz der schwierigen ______________ und des Abschiednehmens empfindet das lyrische Ich die gegenseitige und erwiderte ______________ als ______________ ______________.

Schritt 4: Schluss verfassen

HINWEIS **Im Schlussteil der Interpretation fasst du noch einmal zusammen, wie du das Gedicht verstanden hast (Was will der Autor damit sagen?). Mit einer eigenen Stellungnahme, was dir persönlich gefallen hat und was nicht, kannst du deine Interpretation abschließen.**

1 Verständnis des Gedichtes

1.1 Kreuze an, was der Verfasser deiner Meinung nach mit dem Gedicht aussagen will! ■

- ☐ **a.** Erwiderte Liebe ist nicht wichtig und nebensächlich.
- ☐ **b.** Trotz schwieriger Umstände ist es das größte Glück eines Menschen, wenn er liebt und geliebt wird.
- ☐ **c.** Die wahre Liebe gibt es nicht.
- ☐ **d.** Bei einer Beziehung muss immer nur eine Person Gefühle einbringen.
- ☐ **e.** Für die wahre Liebe nimmt man auch schwierige Umstände in Kauf.
- ☐ **f.** Keine Person ist es wert, auch einmal komplizierte Bedingungen zu meistern.

1.2 Formuliere zunächst die Hauptaussage/dein Verständnis des Gedichtes aus! Die nachfolgenden Formulierungshilfen erleichtern dir den Anfang. ■■

Formulierungshilfen

- *Ich meine, dass der Autor aussagen will, dass ...*
- *Das Gedicht habe ich so verstanden, dass ...*
- *In meinen Augen ist die Hauptaussage des Gedichtes, dass ...*
- *Der vermutliche Sinn des Gedichtes schein mir der zu sein, dass ...*
- *Goethe wollte mit „Willkommen und Abschied“ bestimmt bewirken, dass der Leser/die Leserin ...*

2 Eigene Stellungnahme

2.1 Notiere in der Tabelle Stichpunkte für deine Stellungnahme und sortiere sie nach Positivem und Negativem! Vergiss die inhaltlichen Begründungen nicht! ■■

+ (Gut gefallen hat mir ...)	– (Nicht so gut gefallen hat mir ...)

2.2 Verfasse nun deine Stellungnahme bzw. deine Bewertung. Die Formulierungshilfen erleichtern dir den Anfang. ■■■

Formulierungshilfen

- *Besonders gut gefallen hat mir an dem Gedicht(,) ...*
- *Meines Erachtens gelingt es dem Autor gut, ...*
- *Kritisch sehe ich an dem Gedicht ...*
- *An dem Gedicht kann ich gar nicht nachvollziehen, ...*
- *Besonders spricht mich bei dem Gedicht ... an, da ...*
- *Aufgrund der ... schafft es der Autor, dass ...*
- *Ich bin der Meinung, dass ...*

Gliederung und Aufsatz

HINWEIS **Schreibe nun aus deinen Analyse-Ergebnissen einen zusammenhängenden Aufsatztext. Halte dich dabei an das nachstehende Gliederungsschema.**

Gliederungsschema Gedicht-Interpretation

1 **Einleitung:**
- Nennung von Autor, Titel, Erscheinungsjahr, Gattung, Thema und Eindruck nach dem ersten Lesen

2 **Hauptteil:**
- Angaben zum formalen Aufbau
  - a. Strophenanzahl
  - b. Versanzahl pro Strophe
  - c. Reimarten und Reimschema
  - d. Kadenzen der Endreime
  - e. Metrum
  - f. Erzählperspektive
  - g. Tempus
- Stropheninhalte und inhaltliche Wirkung der rhetorischen Stilmittel
  - a. Angabe des jeweiligen Stropheninhaltes
  - b. Verknüpfung von Form und Inhalt pro Strophe (Wie wird was ausgesagt?)

3 **Schluss:**
- Eigenes Verständnis der Hauptaussage des Gedichtes
- Begründete Stellungnahme

TIPPS
1. **Schreibe deinen Aufsatztext auf DIN-A4-Papier und lasse einen ausreichenden Rand an der rechten Seite und auch unten, damit du Überarbeitungen und Ergänzungen noch einfügen kannst!**
2. **Schreibe im Präsens!**
3. **Formuliere so, als würde der Leser/die Leserin das Gedicht nicht kennen, damit du alle Details bedenkst!**
4. **Verwende stets Zitate im Hauptteil, damit deine Analyse fundiert ist und du eigene Aussagen belegen kannst! Kennzeichne diese Zitate durch Anführungsstriche und/oder Zeilenangaben in Klammern, die aber auch die jeweilige Strophe mit angeben!**
5. **Verwende passende Satzverknüpfungswörter (Konjunktionen), damit dein Text zusammenhängend wirkt!**
6. **Halte sinnvolle Absätze ein!**
7. **Arbeite mit den passenden Fachbegriffen, denn so kannst du genau formulieren und dir umständliche Umschreibungen ersparen!**

Schnell-Check Interpretation Gedicht

	☹	☺
Inhalt		
In der Einleitung habe ich alle wichtigen Punkte (Autor, Titel, Entstehungsjahr, Gattung, Thema, erster Eindruck/Stimmung) erwähnt.		
Im Hauptteil habe ich alle Aspekte des formalen Aufbaus (Strophenanzahl, Versanzahl pro Strophe, Reimarten + Reimschema, unsaubere Reime, Kadenzen, Erzählperspektive, Tempus) bedacht.		
Ich habe alle Stropheninhalte benannt und mit Textstellen belegt.		
Die rhetorischen Mittel habe ich erkannt und mit ihrer inhaltlichen Wirkung verknüpft.		
Meine Hauptaussage steht im Schlussteil.		
Meine Stellungnahme und die Bewertung sind gut begründet.		
Ich habe einzelne Aspekte herausgearbeitet, die mir besonders wichtig erscheinen.		
Ausdruck		
Ich habe meinen Aufsatz im Präsens geschrieben.		
Ich habe Wortwiederholungen vermieden.		
Meine Formulierungen sind klar und deutlich.		
Ich habe vollständige Sätze geschrieben.		
Ich habe die passenden Fachbegriffe verwendet.		
Komplizierte und schwer zu verstehende Sätze habe ich vermieden.		
Die Zusammenhänge habe ich mit den richtigen Konjunktionen (Satzverknüpfungen) wiedergegeben.		
Grammatik, Rechtschreibung, Zeichensetzung		
Die Wörter, bei deren Schreibung ich nicht sicher bin, habe ich im Wörterbuch nachgeschlagen.		
Rechtschreibung, Zeichensetzung und Grammatik habe ich mehrmals überprüft. Dabei habe ich auf meine Fehlerschwerpunkte geachtet.		
Form		
Ich habe meine Interpretation in Einleitung, Hauptteil und Schluss eingeteilt.		
Ich konnte Durchstreichungen und spätere Einfügungen vermeiden, weil ich mich an meine Stichpunkte gehalten habe. Meine Schrift ist gut lesbar.		
Ich habe meinen Aufsatz mithilfe von Absätzen übersichtlich gegliedert.		

Kapitel III
Sachtexte: Analyse und Interpretation

Basiswissen

Sachtexte geben tatsächliche Ereignisse, Sachverhalte, Meinungen und Stellungnahmen zu einem bestimmten Thema wieder. In der Prüfung musst du entweder einen literarischen Text (↗ Kapitel II) oder einen Sachtext analysieren und interpretieren.

Textsorten:
Zu der Kategorie der **Sach- und Gebrauchtexte** gehören:

- **informierende Texte** wie Nachricht, Bericht, Interview und Reportage
- **kommentierende Texte** wie Kommentar, Leserbrief und Glosse
- **Diagramme**, **Schaubilder** und **Grafiken**

Argumentation:
Mithilfe von **Konjunktionen** kannst du deine Sätze sinnvoll miteinander verknüpfen.

Formulierungshilfen	
■ **Ursache:**	*denn, weil*
■ **Absicht:**	*damit, um ... zu, so*
■ **Einschränkung:**	*obwohl, trotzdem*
■ **Bedingung:**	*wenn, falls*
■ **Folge:**	*sodass, darum, folglich*
■ **Gegensatz:**	*aber, sondern, dennoch*

Gliederung:
Die Interpretation eines Sachtextes wird in Einleitung, Hauptteil, Schluss gegliedert. Im Hauptteil führst du erst die Argumente der Gegenposition auf und dann die Argumente der Position, der du dich anschließt. Gliedere die Argumente nach Wichtigkeit. Das wichtigste Argument steht am Schluss. Hier ein Beispiel für eine Gliederung:

A. Einleitung
B. Hauptteil
  Position 1
    Argument 1
    Argument 2
    Argument 3
  Position 2
    Argument 1
    Argument 2
    Argument 3
C. Schluss (eigene Position)

Typische Arbeitsaufträge

Bei der **Analyse / Interpretation** eines **Sachtextes** in der Prüfung musst du:

- das Thema des Textes erfassen und die zentralen Inhalte wiedergeben.
- den Aufbau und die Struktur des Textes beschreiben.
- falls ein Argumentationsgang vorhanden ist, diesen erläutern.
- Vermutungen über das zentrale Anliegen, die Intention (Absicht) oder die Funktion des Textes entwickeln und beschreiben.
- sprachliche und stilistische Mittel herausarbeiten und ihre Wirkungsweise innerhalb des Textes deuten.
- verschiedene Informationen auswählen, wiedergeben, erklären und vergleichen.
- Textaussagen bewerten und beurteilen.
- die anfänglichen Vermutungen zu den abschließenden Analyse-Ergebnissen in Beziehung setzen.
- Informationen aus verschiedenen Medien (Zeitungsausschnitt, Sachtext, Diagramm, Schaubild etc.) zusammenfassend darstellen.

In diesem Kapitel trainierst du:

- ein **Diagramm** auszuwerten
- eine **Stellungnahme** zu verfassen
- eine **Karikatur** zu erörtern

1 Diagramme auswerten

Die Sachtexte in der Prüfung enthalten oft auch Bildmaterial. Besonders häufig sind Diagramme zu bearbeiten, da sie bestimmte Sachverhalte schnell vermitteln. Zahlenreihen, Größenverhältnisse und Strukturen sind mit einem Diagramm leichter erfassbar als in einer reinen Textaussage. Die Betrachtenden können auf diese Weise einfacher Vergleiche ziehen, Muster und Trends ablesen.

Gut zu wissen

Man unterscheidet folgende **Diagrammarten**:

- **Kreis**- oder **Tortendiagramm**
- **Linien**- oder **Kurvendiagramm**
- **Säulen**- oder **Balkendiagramm**

Formulierungshilfen für den Vergleich von Zahlenreihen und Wertangaben

- *an der Spitze ...; Spitzenreiter ...; am meisten ...; am wenigsten ...*
- *im Durchschnitt ...; im Mittelfeld ...; das Schlusslicht ...; am Ende ...*
- *mit großem/geringem/... Abstand ...; Rangliste ...*
- *gefolgt von ...; nachfolgend ...; abgeschlagen ...; befinden ...; liegen ...*
- *zu erwähnen ...; auffällig ist, dass ...*
- *es gibt weniger als ...; mehr als bei ...; genauso oft ...; seltener ...; gleichbleibend ...*
- *gravierend ...; eklatant ...; schwerwiegend ...; bedeutend ...; geringfügig ...; unbedeutend ...*
- *die Hälfte, ein Drittel, ein Viertel ...*

Bei der **Beschreibung eines Diagramms** in der Prüfung musst du folgende Aspekte nennen:

- **Thema** des Diagramms
- **Quelle** des Diagramms
- **Art** des Diagramms
- Angabe der **Zahlenwerte**
- **Untersuchungsbereiche** (x-Achse, y-Achse)

Übung 1: Gerätebesitz

▶ **Beschreibe und deute das Diagramm „Gerätebesitz Jugendlicher 2006"!**

Gerätebesitz Jugendlicher 2006

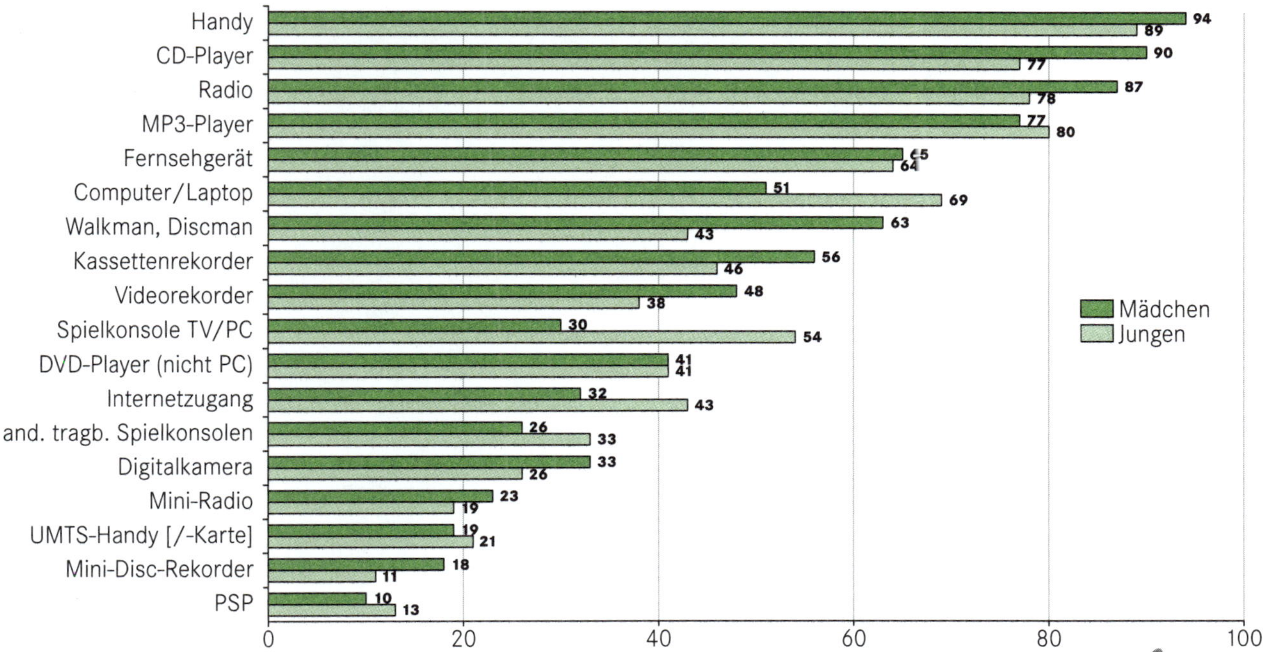

Quelle: JIM 2006, Angaben in Prozent, Basis: alle Befragten, n=1.205 www.mpfs.de mpfs

Schritt 1: Sich orientieren

1 Überblick

Thema des Diagramms:

1.1 Lies die Überschriften und Erläuterungen! Um welches Thema geht es? Formuliere mit eigenen Worten! ■■

In den Balkendiagram geht es wie viel Jugendliche in 2006 für Geräte besitzen.

Quelle des Diagramms:

1.2 Wer hat das Diagramm erstellt bzw. veröffentlicht? ■ JIN 2006

Art des Diagramms:

1.3 Kreuze die richtige Lösung an! ■ Die Art des Diagramms ist ein ...

☐ Kreis- oder Tortendiagramm

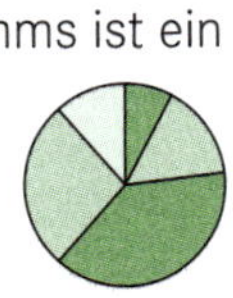

☐ Liniendiagramm oder Kurvendiagramm

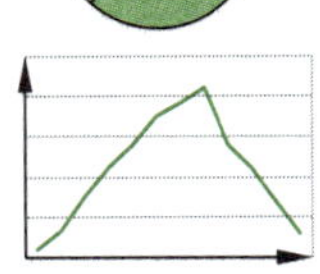

☒ Balken- oder Säulendiagramm

Zahlenwerte:

1.4 Kreuze die richtige Lösung an! ■

Die **Zahlenwerte** an den beiden Achsen (x-Achse; y-Achse) sind in ....

- ☐ absoluten Zahlen (z. B. in Hundert oder in Tausend) angegeben.
- ☒ in Prozent (%) angegeben.
- ☐ in Promille angegeben.

Achsen:

1.5 Welche **Bereiche** werden im Diagramm untersucht und können daher miteinander verglichen werden? ■■

Die y-Achse benennt die Art der Geräte; die x-Achse gibt Zahl der Geräte *an. Je ein Balken beschäftigt sich mit dem Gerätebesitz der* Nutzer, *der andere mit dem der* anzahl.

Vergleichen kann ich daher:

	richtig	falsch
den unterschiedlichen Gerätebesitz von Jungen und Mädchen		
die Veränderung des Gerätebesitzes innerhalb der letzten fünf Jahre		
die Beliebtheit der Geräte		
die tägliche Dauer der Nutzung der Geräte		

2 Einleitung

2.1 Fasse die Informationen, die du gerade erarbeitet hast, in einer Einleitung zusammen! Ergänze dazu die nachfolgenden Sätze. ■

Das ____________ diagramm „Gerätebesitz Jugendlicher 2006“ wurde von ____________ im Jahre ____________ veröffentlicht. In dem Diagramm werden die unterschiedlichen Arten der Geräte (z. B. ____________) mit der Häufigkeit des Besitzes der jeweiligen Geräte bei ____________ und ____________ in Beziehung gesetzt. Mithilfe von ____________ Angaben bietet daher das Schaubild die Möglichkeit, ____________ und ____________ zu vergleichen.

Schritt 2: Inhalte erfassen

1 Analyse

> **HINWEIS** **Sieh dir das Schaubild genauer an! Schreibe die Informationen, die du dem Schaubild entnehmen kannst, in Stichpunkten auf! Orientiere dich dabei an den folgenden Fragen.**

1.1 Wo liegen die Maximalwerte? ■

Mädchen: Handy (94 %); ____________ Jungen: ____________

1.2 Für welche Geräte werden die geringsten Werte erreicht? ■

Mädchen: ______________________ Jungen: ______________________

1.3 Welche Geräte befinden sich im Mittelfeld? ■

Mädchen: ______________________ Jungen: ______________________

1.4 Bei welchen Geräten gibt es die größten Unterschiede zwischen Mädchen und Jungen? ■■

____

____

1.5 Wie groß sind die Unterschiede (Prozentangaben)? ■

____

1.6 Welche Geräte werden fast von genauso vielen Jungen wie auch Mädchen besessen? Gib auch die jeweiligen Prozentangaben an! ■

____

____

2 Zusammenfassung

2.1 Fasse die oben zusammengetragenen Inhalte in einem Text zusammen! ■■

Formulierungshilfen

- *an der Spitze ...; Spitzenreiter ...; am meisten ...; am wenigsten ...; im Durchschnitt ...; im Mittelfeld ...; das Schlusslicht ...; am Ende ...; mit großem/geringem/... Abstand ...; Rangliste ...*
- *gefolgt von ...; nachfolgend ...; abgeschlagen ...; befinden ...; liegen ...; zu erwähnen ...; auffällig ist, dass ...*
- *es gibt weniger als ...; mehr als bei ...; genauso oft ...; seltener ...; gleichbleibend ...*
- *gravierend ...; eklatant ...; schwerwiegend ...; bedeutend ...; geringfügig ...; unbedeutend ...*
- *die Hälfte, ein Drittel, ein Viertel ...*

Als Erstes möchte ich genauer auf den Gerätebesitz der Mädchen eingehen. Bei den Mädchen (siehe 1.1, 1.2, 1.3)

____

____

Jetzt wende ich mich dem Gerätebesitz der Jungen zu. Hier (siehe 1.1, 1.2, 1.3)

____

____

Vergleicht man jetzt allerdings den Gerätebesitz der Mädchen mit dem der Jungen, so gibt es bei dem Besitz von einigen Geräten gravierende Unterschiede aber auch einige Gemeinsamkeiten. (siehe 1.4, 1.5, 1.6)

____

____

Schritt 3: Aussagen bewerten

1 Begründung

1.1 Sieh dir das Diagramm unter besonderer Berücksichtigung der nachfolgenden Aussagen an! Bewerte diese! Nutze zur Begründung die Daten aus dem Diagramm. ■■■

Die Aussage: „Ein eigenes Handy und auch Musikabspielgeräte wie MP3-Player, Radio, CD-Player, Kassettenrekorder und Walkman sind bei Mädchen häufiger zu finden als bei Jungen." ist richtig/falsch, weil

___

___

Die Aussage: „Digitalkameras dagegen sind mehr eine Sache der Jungen." ist richtig/falsch, weil

___

___

Die Aussage: „Mehr Mädchen als Jungen haben einen Computer und einen Internetzugang im eigenen Zimmer." ist richtig/falsch, weil

___

___

Die Aussage: „Jungen sind deutlich besser mit Spielkonsolen und PSP ausgestattet." ist richtig/falsch, weil

___

___

Schritt 4: Beurteilen

HINWEIS **Im Schlussteil musst du eine persönliche Stellungnahme und Wertung des Diagramms vornehmen. Hier sollst du beispielsweise darlegen, welche Ergebnisse dir nachvollziehbar erscheinen und welche nicht. Dein subjektives Urteil sollte aber *begründet und inhaltlich am Diagramm belegt* sein. Natürlich kannst dich auch dazu äußern, welche Bedeutung das Diagramm für die Leserinnen und Leser hat.**

1 Stellungnahme

1.1 Beurteile den dargestellten Sachverhalt, indem du Unstimmigkeiten und Ursachen benennst! ■■

- Unstimmigkeiten: Welche Ergebnisse haben dich irritiert,
  ... da du andere Erfahrungen gemacht hast?
  ... da es in deinem Freundeskreis ganz anders aussieht?
- Ursachen: Wie erklärst du dir
  ... die unterschiedlichen Ergebnisse bezogen auf die Geschlechter?
  ... die allgemeine Verteilung des Gerätebesitzes?

1.2 Den Einleitungssatz als Bestandteil der schriftlichen Auswertung eines Diagramms hast du bereits geschrieben. Verfasse nun mithilfe deiner Vorarbeiten Hauptteil und Schluss deiner Interpretation. Sieh dir hierfür noch einmal die Formulierungshilfen an und wiederhole die Satzverknüpfungswörter (Konjunktionen)! ■■

Schnell-Check Auswertung eines Diagramms

Inhalt		
In der Einleitung habe ich das Thema des Diagramms, die Quelle, das Erscheinungsjahr, die Art des Diagramms, die Art der Zahlenangaben und die Vergleichswerte genannt.		
Mein Hauptteil ist gut strukturiert. Ich habe zuerst die eine Vergleichsebene genauer beschrieben und danach die andere.		
Ich habe zu jeder Vergleichsebene die Maximalwerte, die Mittelwerte und die Minimalwerte genannt.		
Alle im Diagramm veranschaulichten Bereiche habe ich erwähnt.		
Alle Aussagen über das Diagramm habe ich mit Zahlenangaben belegt.		
Ich habe keine inhaltlichen Wiederholungen. Die Dopplungen habe ich alle rausgestrichen.		
Mögliche Ursachen und Gründe habe ich erst zum Schluss aufgeführt.		
Ausdruck		
Ich habe Wortwiederholungen vermieden.		
Meine Satzanfänge variieren.		
Meine Sätze sind abwechslungsreich aufgebaut.		
Bandwurmsätze habe ich gekürzt.		
Grammatik, Rechtschreibung, Zeichensetzung		
Die Fremdwörter und Wörter, bei deren Schreibung ich nicht sicher bin, habe ich im Wörterbuch nachgeschlagen.		
Ich habe meinen Aufsatz „rückwärts" gelesen und auf diese Weise die Flüchtigkeitsfehler entdeckt.		
Rechtschreibung, Zeichensetzung und Grammatik habe ich mehrmals überprüft. Dabei habe ich auf meine Fehlerschwerpunkte geachtet.		
Form		
Ich habe meinen Aufsatz in Einleitung, Hauptteil und Schluss unterteilt.		
Meine Schrift ist gut lesbar.		
Ich habe meinen Aufsatz mithilfe von Absätzen übersichtlich gegliedert.		

2 Stellungnahme

Ein Sachtext vermittelt nicht nur detaillierte Informationen, sondern liefert auch Argumente zu einer bestimmten Problematik. Bei diesen Argumenten kann es sich um die Meinung des Autors/der Autorin oder die anderer Personen handeln. In der Prüfungsaufgabe wird dann von dir verlangt, zu dieser Meinung Stellung zu beziehen.

Gut zu wissen

Aufbau eines Arguments:
Eine Argumentation besteht aus einer Behauptung (These) und deren Begründung (Argument). Wichtig ist hierbei, dass die Begründungen mit Beispielen belegt werden.

1. **These** (Behauptung)
2. **Argument** (Begründung der Behauptung)
3. **Beleg** (Beispiel / Folge / Wirkung etc.)

Zur **Strukturierung deiner Argumentationskette** legst du dir am besten eine Tabelle an:

These/Antithese	
Argument 1	Beleg (Beispiel, Folge, Wirkung)
Argument 2	Beleg (Beispiel, Folge, Wirkung)
Argument 3	Beleg (Beispiel, Folge, Wirkung)

Bei der **Stellungnahme** in der Prüfung musst du:

- die Ausgangssituation aus einer Vorlage zusammenfassen.
- Thesenfrage formulieren.
- Argumente sammeln und nennen.
- Argumente der Gewichtigkeit nach sortieren und sie zu einer Argumentationskette verknüpfen.
- Argumente belegen.
- einen eigenen Standpunkt festlegen.
- vorhandene und selbst gefundene Gegenargumente prüfen und gewichten.
- einen Argumentationsgang verfassen, bei dem der zugrundeliegende Schreibanlass mit dem entsprechenden Adressatenbezug berücksichtigt wird.
- kritisch Stellung zu einem Text nehmen.

Übung 2: Schulkleidung

▶ Lies den Text und nimm Stellung dazu!

Mode für das Wir-Gefühl – Schulkleidung kommt an

Immer mehr nordrhein-westfälische Schulen entscheiden sich für einheitliche Garderobe. Landesweit sind zwei Drittel der Eltern dafür.

Knallgrüne T-Shirts, leuchtend blaue Hosen, dazu für Jungs ein gelb-blau kariertes Hemd oder für Mädchen eine gleichermaßen gemusterte Bluse - so farbenfroh stellen sich Schüler einheitliche Schulkleidung vor. Jedenfalls die Schüler des Bildungsgangs Textil und Bekleidungstechnik der Elly-Heuss-Knapp-Schule in Düsseldorf. Sie und die angehenden Modemacher von drei weiteren Schulen, nämlich dem Krefelder Berufskolleg Vera Beckers, dem Berufskolleg Halle/Westfalen sowie der Modeschule Mönchengladbach, waren vom Schulministerium gebeten worden, doch mal Entwürfe für einen Einheitslook zu entwickeln. Vorgestellt wurden diese dann auf einer Modenschau im Düsseldorfer Museum Kunstpalast vor 500 Zuschauern.
„Wie auf dem Laufsteg", so erinnert sich Christine Bödefeld, stellvertretende Leiterin der Anne-Frank-Realschule in Düsseldorf, habe auch sie sich gefühlt. Damals, vor anderthalb Jahren, wurde einheitliche Kleidung an ihrer Schule eingeführt - und Christine Bödefeld zog mit einer Gruppe Schüler durch die Klassen, um die Modelle vorzuführen. Die Konrektorin trug dabei selbst den neuen Dress, schließlich ist der auch für Lehrer gedacht. Das Schulgesetz, 2006 in Kraft getreten, sieht vor, dass Schulen einheitliche Kleidung einführen können, wenn die Schulkonferenz mit den Stimmen aller Schülervertreter zustimmt. Und immer mehr Schulen im Land folgen der Anregung.
Die Einführung sei dann aber schwieriger gewesen als vorausgesehen, berichtet Bernd Hinke, Leiter der Anne-Frank-Realschule: „Der Aufwand war groß" - vom Finden eines Anbieters bis hin zu Anproben für 470 Schüler. Auch könne nicht erwartet werden, dass alle sofort mitziehen. Schließlich müssen die Eltern die Kleidung bezahlen, und nicht jeder kann gleich ein ganzes Sortiment kaufen, das für die ganze Schulwoche reicht. Trotzdem ist Hinke mit dem Ergebnis hochzufrieden. „Das Gemeinschaftsgefühl wird gestärkt", meint der Schulleiter. Und auch der Druck unter den Schülern, sich mit teurer Markenware zu zeigen, habe zumindest nachgelassen. Bei Eltern und Kindern kommt die Schulkleidung an: So viele Anmeldungen wie in diesem Jahr hatte die Schule seit Langem nicht mehr. *bibo*

Andrej Priboschek, in: Schulzeit. Das Magazin für Eltern in Nordrhein-Westfalen (Herbst 2008). Hrsg. v. Ministerium für Schule und Weiterbildung des Landes Nordrhein-Westfalen, S. 20-21, www.schulminsterium.nrw.de

Schritt 1: Thema erschließen

1 Thematik des Textes

1.1 Welche der Aussagen erfasst am besten, worum es in dem Sachtext geht? Kreuze an! ■■

- ▢ Der Text handelt von der Einführung der Schulkleidung in allen Schulen.
- ▢ Der Text handelt von den Vorteilen und Schwierigkeiten, die das Einführen von Schulkleidung mit sich bringt.
- ▢ Der Text beschreibt Erfahrungen, die Schulen gemacht haben, an denen bereits die Schulkleidung zum Schulalltag gehört.
- ▢ Der Text fordert die Schulen auf, sich mit dem Thema Schulkleidung auseinanderzusetzen.
- ▢ Der Text handelt von der Möglichkeit, Schulkleidung zu designen.

2 Struktur des Textes

2.1 Finde zu jedem Abschnitt den passenden Schlüsselbegriff, die passende Überschrift und halte stichpunktartig weitere wichtige Informationen fest! ■

1. Abschnitt Überschrift: Entwürfe für einen Einheitslook

- *vier Berufsschulen designten*
- ______________________________
- ______________________________
- ______________________________

2. Abschnitt Überschrift: ______________________________

- ______________________________
- ______________________________
- ______________________________

3. Abschnitt Überschrift: Erste Erfahrungen mit der Einführung von Schulkleidung

- ______________________________
- ______________________________
- ______________________________
- ______________________________

> **TIPP** Natürlich kannst du den Inhalt/die Struktur des Textes auch in einer Mindmap festhalten. Oft erscheint die Gliederung eines Textes in einer Mindmap viel übersichtlicher. Versuche es an dieser Stelle einmal und erfahre so, mit welcher Art der Zusammenfassung eines Textes du besser arbeiten kannst.

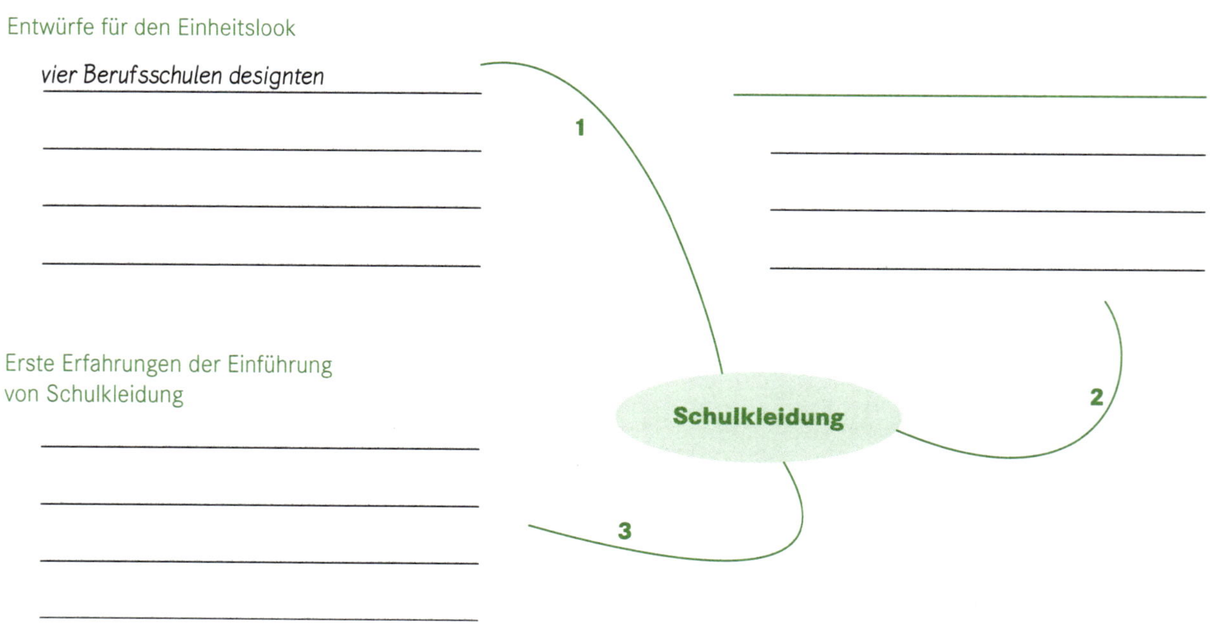

2.2 Fasse die Informationen, die du gerade erarbeitet hast, in einer Einleitung zusammen.
Ergänze dazu die nachfolgenden Sätze! ■■

In dem Text ________________ geschrieben von ________________ erschienen in der Zeitschrift ________________ wird die Thematik ________________ behandelt. Dabei berichtet der Autor zu Beginn des Textes über die Aufgabe, die vier Berufsschulen gestellt wurde. Sie sollten ________________ ________________. Im zweiten Abschnitt stellt er dar, welche Möglichkeiten, das neue Schulgesetz bietet. Dort wurde festgelegt, ________________ ________________ Zum Schluss des Artikels ________________ ________________ ________________.

Schritt 2: Argumente sortieren und beurteilen

HINWEIS Um zu einem Sachtext eine Stellungnahme schreiben zu können, musst du zunächst die im Text vorhandenen Argumente sammeln und dir selbst überlegen, welche Meinung du zu der dargestellten Problematik hast. Dementsprechend schreibst du eine zustimmende oder eine ablehnende Stellungnahme.

1 Argumente aus dem Text finden

1.1 Unterstreiche im Text alle Argumente, die für die Einführung einer einheitlichen Schulkleidung sprechen grün (Pro-Argumente) und alle Argumente die dagegen sprechen rot (Kontra-Argumente). ■

1.2 Fertige mit den unterstrichenen Argumenten eine Übersicht an (in dem Text sind 2 Pro-Argumente und 3 Kontra-Argumente vorhanden): ■

	Pro-Argumente (grün)	**Kontra-Argumente (rot)**
1		
2		
3		

Die Pro-Argumente werden im Text durch Fakten bestätigt:

These/Behauptung:	Schulkleidung ist sinnvoll ... ↓
Argument/Begründung:	Das Gemeinschaftsgefühl wird gestärkt ... ↓
Beleg/Beispiel/Folge/Wirkung:	Höhere Anmeldezahlen ...

2 Eigene Meinung finden

2.1 Wähle aus! ■

- ▢ Ich bin für die einheitliche Schulkleidung
- ▢ Ich bin gegen die einheitliche Schulkleidung

3 Argumentieren und begründen

3.1 Finde nun Argumente der Gegenseite und widerlege sie in Stichpunkten! ■■■

pro	**kontra**
Bist du **für** einheitliche Schulkleidung, so musst du die genannten Argumente, die gegen Schulkleidung sprechen, widerlegen, also begründen, warum das Argument nicht stimmt. Zudem solltest du dir zusätzliche Argumente, die für deine These sprechen, überlegen. Versuche, diese zu belegen, dabei können dir deine eigenen Erfahrungen aus der Schule helfen.	Bist du **gegen** einheitliche Schulkleidung, so musst du die genannten Argumente, die für Schulkleidung sprechen, widerlegen, also begründen, warum das Argument nicht stimmt. Zudem solltest du dir zusätzliche Argumente, die für deine These sprechen, überlegen. Versuche, diese zu belegen, dabei können dir deine eigenen Erfahrungen aus der Schule helfen.

Gegenposition	**Widerlegung in Stichpunkten**
Argument 1	
Argument 2	
Argument 3	

3.2 Belege dann die Argumente aus dem Text, die deiner eigenen Position entsprechen! ■■■

Argument	**Beleg** (Beispiel, eigene Erfahrungen, Zitate, Statistiken, ...)

3.3 Überlege dir noch weitere neue Argumente! ■■■

Schritt 3: Schluss schreiben

HINWEIS Aufgabe des Schlussteils ist es, die vorausgehende Auseinandersetzung zum dargestellten Thema zu einem Endresultat zusammenzufassen. Dazu gibst du abschließend noch einmal deine Meinung ab und belegst sie an dem für dich ausschlaggebenden Argument. Du kannst Folgen und Konsequenzen aufzeigen und/oder einen Appell an den Leser bzw. die Leserin richten.

1 Schluss

1.1 Formuliere nachfolgend einen knappen Schluss. Vervollständige hierfür den Lückentext! ■■

Aufgrund der ausführlich dargestellten Pro- und Kontraargumente fühle ich mich in meiner Meinung bestätigt, dass Schulkleidung für mich ____________________. *Gerade das Argument, dass* ____ *war für mich ausschlaggebend, da dieses zur Folge hat, dass* ____. *An dieser Stelle kann ich nur an alle Schüler, Eltern und Lehrer appellieren,* ____.

Schritt 4: Ausführlich Stellung beziehen

HINWEIS Bei einer Stellungnahme vertrittst du von vornherein eine bestimmte Position und nimmst also eine „Stellung" ein. Dies gelingt dir, indem du die Argumente der Gegenseite widerlegst, Meinungen/Argumente bei Zustimmung wiederholst und so verdeutlichst, wie wichtig das jeweilige Argument aus dem Textmaterial ist. Zusätzlich führst du auch noch eigene Argumente an.

1 Argumente der Gegenseite widerlegen

1.1 Mithilfe deiner Vorarbeit in Schritt 2 formuliere zuerst die Argumente der Gegenseite aus. Nutze dabei die folgenden Formulierungshilfen. ■■■

Formulierungshilfen	
■ starken Zweifel oder Unwahrscheinlichkeit betonen: *Es ist unwahrscheinlich, dass ...* *Es ist zweifelhaft, ob ...* *Ich bezweifle ...* *Ich glaube kaum, dass ...*	■ Unmöglichkeit betonen: *Es kann nicht sein, dass ...* *Es ist völlig unmöglich .../ausgeschlossen, dass ...* Adverbien: *keinesfalls / bestimmt nicht / sicher(lich) nicht/unmöglich*

2 Eigene Argumente ausformulieren

2.1 Bestätige nun die Argumente, die deine Meinung darstellen und bereits im Text stehen. Füge anschließend noch deine weiteren eigenen Argumente mit Belegen an. ■■■

Formulierungshilfen

- eigene Meinung äußern:
  Meines Erachtens ...
  Ich bin der Meinung, dass ...
  Ich stehe auf dem Standpunkt, dass ...
  Ich meine/denke/bin davon überzeugt, dass ...
  Ich habe den Eindruck .../das Gefühl, dass ...
  Mir scheint, dass ...
- überzeugt sein:
  Es steht fest .../ist eine Tatsache, dass ...
  Ich weiß .../bin davon überzeugt, dass ...
  Adverbien: ... ist sicherlich/tatsächlich/bestimmt/zweifellos/ohne Zweifel ...
- hohe Wahrscheinlichkeit betonen:
  Soviel ich weiß, .../Meines Wissens ...
  Es scheint, dass ...
  Es sieht so aus, als ob ...
  Ich bin ziemlich sicher, dass ...
  Adverbien: ... *offensichtlich/höchstwahrscheinlich/anscheinend ...*
- zustimmen:
  Ich bin auch der Meinung, dass ...
  Ich kann bestätigen, dass ...
  Ich kann zustimmen, dass ...

INFO **Da du in Schritt 1 bereits die Einleitung erstellt hast und in Schritt 3 den Schluss deiner Stellungnahme, stehen jetzt alle Elemente einer vollständigen Stellungnahme zu einem Sachtext in diesem Arbeitsheft!**

Schnell-Check Stellungnahme

Inhalt		
In der Einleitung habe ich das Thema des Sachtextes, den Autor/die Autorin, die Quelle, das Erscheinungsjahr genannt.		
Mein Hauptteil ist gut strukturiert. Ich habe zuerst den Inhalt des Textes genauer beschrieben und bin dann erst auf die Argumente des Autors/der Autorin eingegangen.		
Meine eigene Meinung ist klar erkennbar.		
Ich habe zuerst die Argumente aus dem Text aufgeführt, denen ich nicht zustimme und habe sie auch entkräftet.		
Meine eigene Meinung habe ich mit Argumenten aus dem Text belegt. Zusätzlich habe ich noch weitere, neue Argumente angeführt.		
Mein wichtigstes Argument steht am Schluss.		
Ich habe auch mögliche Konsequenzen aufgezeigt / an die Leserinnen und Leser appelliert.		
Ich habe keine inhaltlichen Wiederholungen. Die Dopplungen habe ich alle rausgestrichen.		
Ausdruck		
Ich habe Wortwiederholungen vermieden.		
Meine Satzanfänge variieren.		
Meine Sätze sind abwechslungsreich aufgebaut.		
Bandwurmsätze habe ich gekürzt.		
Grammatik, Rechtschreibung, Zeichensetzung		
Die Fremdwörter und Wörter, bei deren Schreibung ich nicht sicher bin, habe ich im Wörterbuch nachgeschlagen.		
Ich habe meinen Aufsatz „rückwärts" gelesen und auf diese Weise die Flüchtigkeitsfehler entdeckt.		
Rechtschreibung, Zeichensetzung und Grammatik habe ich mehrmals überprüft. Dabei habe ich auf meine Fehlerschwerpunkte geachtet.		
Form		
Ich habe meine Stellungnahme in Einleitung, Hauptteil und Schluss unterteilt.		
Meine Schrift ist gut lesbar.		
Ich habe meinen Aufsatz mithilfe von Absätzen übersichtlich gegliedert.		

3 Erörterung einer Karikatur

In der Prüfung werden oftmals auch Karikaturen zur Interpretation vorgelegt. Hierbei geht es nicht nur darum, dass Bild möglichst genau zu beschreiben, sondern den Zusammenhang zwischen einzelnen Bildelementen oder Bild- und Textelementen zu finden. Bei einer Karikatur werden mithilfe der Stilmittel Über- bzw. Untertreibung menschliche Schwächen oder gesellschaftliche Missstände kritisiert, indem sie lächerlich gemacht werden. Bei einer Erörterung musst du deine eigene Meinung deutlich zum Ausdruck bringen.

Gut zu wissen

Gliederung:
Es gibt verschiedene Arten von Erörterungen. Sieh dir also in der Prüfung die Aufgabenstellung genau an und erstelle deine Gliederung so, wie die konkrete Aufgabenstellung es verlangt.
Es gibt Erörterungen, bei denen du zunächst Argumente (z. B. Vor- und Nachteile) sorgfältig abwägen und erst dann eine eigene Position beziehen musst.
In anderen Fällen sollst du die Leserinnen und Leser deiner Erörterung von deiner Meinung überzeugen. Hierfür arbeitest du also im Hauptteil deine Argumente sorgfältig heraus und entkräftest abschließend die Gegenposition.

Alle diese Erörterungsformen werden in Einleitung, Hauptteil, Schluss gegliedert. Im Schlussteil kommst du zu einem Ergebnis und stellst klar deine eigene Meinung heraus. Neue Argumente bringst du hier jedoch keine mehr an. Nachfolgend Beispiele für mögliche Gliederungen:

A. Einleitung
B. Hauptteil
  Position 1
    Argument 1
    Argument 2
    Argument 3
  Position 2
    Argument 1
    Argument 2
    Argument 3
C. Schluss (eigene Meinung)

I. Einleitung
II. Hauptteil
  Eigene Position (Position 1)
    Argument 1
    Argument 2
    Argument 3
  Entkräftung eines Gegenargumentes (Position 2)
III. Schluss (eigene Meinung)

Bei einer **Erörterung** in der Prüfung musst du:
- die Ausgangssituation aus einer Vorlage zusammenfassen.
- eine Thesenfrage formulieren.
- Argumente sammeln und nennen.
- Argumente der Gewichtigkeit nach sortieren und sie zu einer Argumentationskette verknüpfen.
- Argumente belegen.
- eine eigene Position beziehen.
- vorhandene und selbst gefundene Gegenargumente prüfen und gewichten.
- einen Argumentationsgang verfassen.
- kritisch Stellung nehmen (↗ Stellungnahme).
- andere von deiner Meinung überzeugen.

Übung 3: Ist ein reguläres MP3-Verbot in der Schule sinnvoll?

▶ Erörtere den in der Karikatur dargestellten Sachverhalt!

Unterhaltung auf Deutschlands Schulhöfen

Schritt 1: Sachverhalt erschließen, Karikatur beschreiben und deuten

1 Überblick

HINWEIS Betrachte die Karikatur genauer und mache dir zu folgenden Fragen kurze Notizen.

1.1 Welche Situation wird in dem Bild dargestellt? Gib das dargestellte Geschehen der Karikatur so wieder, dass auch jemand, der diese nicht kennt, sich das Dargestellte aufgrund deiner Notizen vorstellen kann. ■■

1.2 Was wird in der Karikatur übertrieben oder untertrieben? Was ist auffällig dargestellt? ■■

____

____

____

1.3 In welchem Zusammenhang steht der Text mit dem Bild? Gibt es Gemeinsamkeiten oder Unterschiede? ■■

____

____

____

1.4 Was möchte der Zeichner/die Zeichnerin kritisieren? Welchen Missstand möchte er/sie aufzeigen? ■■

____

____

____

2 **Einleitung**

2.1 Fasse die Informationen, die du gerade erarbeitet hast, in einer Einleitung zusammen! Ergänze dazu die nachfolgenden Sätze. Diese Einleitung ist gleichzeitig auch der Aufhänger für deine Erörterung. ■■

Mit der Karikatur möchte der Zeichner/die Zeichnerin deutlich das Verhalten der Schüler während der Pausen kritisieren. An dem Verhalten der Schüler wird ______________________ *beanstandet. Dieser Missstand wird deutlich, in dem Nachfolgendes übertrieben dargestellt wird:* ______________________ ______________________ *. Passend dazu gestaltet sich auch die Bildunterschrift. Sie besagt, dass* ______________________ ______________________ *.*

> INFO **Aufgabe der Einleitung ist es, zur Fragestellung hinzuführen. Dieses erfolgt hier in Schritt 1 mithilfe der Beschreibung der Karikatur. Alternativ hättest du von einem persönlichen Erlebnis berichten können, einem Zitat oder einer Redensart, dich auf einen Text beziehen oder einen aktuellen bzw. historischen Bezug herstellen können.**

Schritt 2: Argumente sortieren und beurteilen

1 **Überleitung**

> HINWEIS **Mit der Überleitung sollen die Einleitung und der Hauptteil miteinander verbunden werden. In der Einleitung hast du die Karikatur beschrieben und gedeutet. Im Hauptteil sollst du dich nun mit dem in der Karikatur beschriebenen Sachverhalt auseinandersetzen, dazu Pro- und Kontra-Argumente sammeln und deine eigene Meinung darstellen. Formuliere in der Überleitung ganz präzise die Thesenfrage, die sich dir aufgrund der Karikatur stellt.**

1.1 Wähle eine passende Überleitung aus! ■

- ☐ Aufgrund der gerade beschriebenen Karikatur stelle ich mir nun die Frage, ob es sinnvoll ist, in den Pausen Musik zu hören oder ist es besser, grundsätzlich die MP3-Player während der Pause zu verbieten?
- ☐ Ist es wirklich auf unseren Schulhöfen so, wie in der Karikatur dargestellt? Findet keine Unterhaltung mehr statt, wenn jeder Schüler die Möglichkeit hat, Musik zu hören? Wie sinnvoll ist das Verbot von MP3-Playern in der Schule?
- ☐ Ist die Kommunikation mit den Mitschülern in den Pausen denn so wichtig, kann man es den Schülern denn nicht selbst überlassen zu entscheiden, ob sie nun lieber in den Pausen Musik hören oder mit den Mitschülern reden wollen?

2 Vorgegebene Argumente beurteilen und durch eigene Argumente ergänzen

2.1 Unterstreiche in der nachfolgenden Liste die Pro-Argumente (grün) und die Kontra-Argumente (rot)! Beachte dabei ganz genau die der Erörterung zugrundeliegende Thesenfrage: **Ist ein reguläres MP3-Verbot in der Schule sinnvoll?** Nicht alle Argumente eignen sich, um diese Thesenfrage zu stützen. ■■

- Mit Musik kann man sich in den Pausen besser erholen (chillen).
- Man kann Musik austauschen.
- Gerade in den Pausen soll man sich bewegen und nicht nur auf dem Schulhof stehen und Musik hören.
- Es gibt in den Pausen weniger Streitigkeiten, da ja jeder Musik hört.
- Die Schüler, die keinen MP3-Player haben, werden ausgeschlossen.
- Es findet keine Kommunikation mehr zwischen den Schülern statt.
- Ich kann mich in den Pausen besser auf die nächste Stunde vorbereiten, wenn ich Musik höre.
- Die Gefahr, dass die MP3-Player geklaut werden, ist durch das Mitbringen der Geräte vermehrt gegeben.
- Gemeinsame Ball- und Klassenspiele, welche die Klassengemeinschaft stärken, finden nicht mehr statt.
- Die permanente Benutzung des MP3-Players kann Hörschäden verursachen.

2.2 Ergänze noch eigene Pro- oder Kontra-Argumente: ■■■

- ______________________________
- ______________________________
- ______________________________
- ______________________________

2.3 Finde deine eigene Position: **Ist ein reguläres MP3-Verbot in der Schule sinnvoll?** ■

☐ Ja!
☐ Nein!

2.4 Suche aus der Liste der Argumente die drei aus, die deine Position am gewichtigsten stützen! Belege deine jeweiligen Argumente mit eigenen Erfahrungen, Zitaten etc. ■■

	Argument	**Beleg**
1		
2		
3		

2.5 Suche dir nun die stärksten Argumente der Gegenseite und versuche, diese zu entkräften! ■■■

	Argumente der Gegenseite	Gegen dieses Argument spricht:/ Dieses Argument ist nicht entscheidend, weil:
1		
2		
3		

Schritt 3: Schluss schreiben

1 **Schluss**

1.1 Nachdem du alle Argumente ausführlich dargelegt und abgewogen hast, musst du zum Schluss ein Ergebnis (deine eigene Position) formulieren. Daran anschließen kann sich auch ein Appell an die Leserinnen und Leser deines Aufsatzes. Du könntest auch Alternativen aufzeigen. ■■

Gerade durch das zuletzt genannte Argument komme ich zu dem Ergebnis, dass der Gebrauch von MP3-Playern in

____ .

Vielmehr sollten sich Schüler in den Pausen/Vielmehr sollte den Lehrern und Eltern die Chance verdeutlicht werden, die ____

____ .

> INFO **Du möchtest mit deiner Erörterung jemanden von deiner Position überzeugen. So könnte es zum Beispiel sein, dass du deine Position bezüglich der MP3-Benutzung in der Schule vor der Schulkonferenz im Namen aller Schüler deiner Schule vertreten sollst. Sollte dies ausdrücklich in der Prüfungsaufgabe gefordert sein, musst du darauf achten, dass du die Personen, die du von deiner Meinung überzeugen willst, persönlich und direkt ansprichst. So würdest du deinen Lehrern gegenüber ganz anders argumentieren als deinen Mitschülern gegenüber (↗ Kapitel IV).**

Schritt 4: Hauptteil ausformulieren

1 **Die Teile der Erörterung**

1.1 Einen Teil deiner Eröterung hast du bereits fertig. Kreuze an, welche Teile schon vorhanden sind. ■

- ☐ In Schritt 1 hast du bereits eine Einleitung erstellt.
- ☐ Die Überleitung zu deinem Hauptteil ist ebenfalls bereits vorhanden.
- ☐ Du musst jetzt nur noch mithilfe der Stichpunkte aus Schritt 2 einen zusammenhängenden Text erstellen.
- ☐ Anschließend folgt nur noch der in Schritt 3 bereits formulierte Schluss.

2 **Hauptteil**

2.1 Formuliere aus den Stichpunkten in Schritt 2 einen Hauptteil! ■■■

> TIPP **Beginne mit den Argumenten der Gegenseite, die du entkräftest, füge dann die für dich gewichtigsten Argumente an, die deine Position begründen. Hier gilt, dass das wichtigste Argument als letztes genannt wird, sodass es der Leser bzw. die Leserin am besten im Gedächtnis behält.**

Schnell-Check Erörterung

Inhalt		
In der Einleitung habe ich aufgezeigt, welcher Umstand mit der Karikatur kritisiert werden soll.		
Mein Hauptteil ist gut strukturiert. Ich habe zuerst die Karikatur genauer beschrieben und bin dann erst auf die Darstellungsabsichten (Argumente) eingegangen.		
Meine eigene Meinung ist klar erkennbar.		
Ich habe die Argumente aufgeführt, denen ich nicht zustimme und habe sie auch entkräftet.		
Ich habe meine eigene Meinung begründet und mit Beispielen / Belegen versehen.		
Ich habe auch mögliche Konsequenzen aufgezeigt / an die Leserinnen und Leser appelliert.		
Ich habe keine inhaltlichen Wiederholungen. Die Dopplungen habe ich alle rausgestrichen.		
Ausdruck		
Meine Formulierungen sind klar und deutlich.		
Ich habe Wortwiederholungen vermieden.		
Meine Satzanfänge variieren.		
Meine Sätze sind abwechslungsreich aufgebaut.		
Bandwurmsätze habe ich gekürzt.		
Grammatik, Rechtschreibung, Zeichensetzung		
Die Fremdwörter und Wörter, bei deren Schreibung ich nicht sicher bin, habe ich im Wörterbuch nachgeschlagen.		
Ich habe meinen Aufsatz „rückwärts" gelesen und auf diese Weise die Flüchtigkeitsfehler entdeckt.		
Rechtschreibung, Zeichensetzung und Grammatik habe ich mehrmals überprüft. Dabei habe ich auf meine Fehlerschwerpunkte geachtet.		
Form		
Ich habe meine Erörterung in Einleitung, Hauptteil und Schluss unterteilt.		
Meine Schrift ist gut lesbar.		
Ich habe meinen Aufsatz mithilfe von Absätzen übersichtlich gegliedert.		

Kapitel IV
Kreative Textproduktion

Bei den Prüfungsaufgaben zur kreativen Textproduktion geht es darum, dass du zu vorgegebenen Themen oder Materialien deine Meinung schreibst, Texte fortsetzt, sie umschreibst oder dass du dich anderweitig kreativ mit ihnen auseinandersetzt. Dabei verfolgst du immer ein Drei-Schritt-Verfahren. Zuerst musst du dein Vorgehen planen, dann schreiben und deinen Text zuletzt kontrollieren und überarbeiten.

Aufgabentypen

Bei der kreativen Textproduktion (produktiver Umgang mit Texten) in der Prüfung musst du:

1. **einen Text in eine andere Textsorte übertragen**
   - Sieh dir genau die Aufgabenstellung an. Was ist von dir gefordert? Du musst dir die Merkmale der Textsorte vor Augen führen, die du produzieren sollst.
   - Mache dir Stichpunkte zu diesen Merkmalen und versuche einen Schreibplan (Gliederung) anzulegen, der dir hilft, den Text zu strukturieren.
   - Berücksichtige bei der Übertragung alle wichtigen Informationen des Ausgangstextes.

   oder

2. **die Fortsetzung eines Textes schreiben**
   - Wichtig ist es hierbei, dass du es schaffst, den Stil des Textes beim Weiterschreiben fortzuführen und auch inhaltlich an die Vorlage anzuknüpfen. Beachte also die Perspektive aus der geschrieben wurde, die Wortwahl (sachlich, ironisch, emotional ...) und auch den Schreibstil (kurze Sätze und sachlich oder lange, verschachtelte Sätze und anschaulich beschreibender Stil?).
   - Du musst dich gedanklich in den Text hineinversetzen. Was erfordert die Aufgabenstellung von dir? Sollst du eine Lösung herbeiführen? Dann überlege dir, wie du vorgehen willst und mache dir Stichpunkte, damit du dein Schreibziel vor Augen behältst.

   oder

3. **einen inneren Monolog entwickeln**
   - Meist ist es so, dass du eine Kurzgeschichte, einen Romanauszug oder ein Gedicht als Quelle vorgelegt bekommst. Du musst dich also in die entsprechende Figur hineinversetzen, für die du den inneren Monolog schreiben sollst.
   - Lies die Quelle und schreibe wichtige Gedanken und Gefühle der Figur heraus. Mache dir die Situation bewusst, in der sich die Figur befindet, was könnte Inhalt ihres Monologs werden, über was macht sich die Figur Gedanken?
   - Mithilfe deiner Stichpunkte kannst du nun einen inneren Monolog der Figur in der Ich-Form schreiben.
   - Wichtig ist, dass du sehr anschaulich schreibst. Verwende viele beschreibende Adjektive, sprich über deine Gefühle und Gedanken aus der Sicht der Figur, stelle rhetorische Fragen (*Wie konnte das alles nur passieren?*).

Typische Arbeitsaufträge

Bei den Aufgaben zur **kreativen Textproduktion** (produktiver Umgang mit Texten) in der Prüfung musst du:

- einen Leserbrief schreiben
- eine Rede verfassen
- einen Bericht schreiben
- eine Reportage schreiben
- einen persönlichen Brief / Geschäftsbrief schreiben
- eine Erörterung / Stellungnahme / Argumentation verfassen
- einen Zeitungsbericht schreiben
- einen Tagebuch-Eintrag schreiben
- einen inneren Monolog verfassen

In diesem Kapitel trainierst du:

- **Aufgabentypen** und **Aufsatzformen**
- eine Erörterung in Form eines **Leserbriefes** zu erstellen
- ein Gedicht inhaltlich zu erschließen und daraus einen **inneren Monolog** abzufassen
- einen **Tagebuch-Eintrag** zu einem Romanauszug zu schreiben

Basiswissen: Aufsatzformen

▶ **Ordne den Aufsatzformen die passende Schreibanleitung zu!** ■■

Aufsatzformen:

Leserbrief - Rede - Bericht - Reportage - Persönlicher Brief/Geschäftsbrief - Erörterung/Stellungnahme/Argumentation - Zeitungsbericht - Tagebuch-Eintrag

a. ______________________

- Du musst hierbei deine Meinung zu einem Thema mithilfe von Argumenten begründet darstellen.
- Vorgegeben ist ein Problem (Thema), das eine Pro- und eine Kontra-These enthält.
- Zu diesen Thesen (Behauptungen) sammelst du dann Argumente (Begründungen), die die Richtigkeit oder auch Fehlerhaftigkeit der Thesen beweisen. Die Argumente stützt du mithilfe von Beispielen. Wichtig ist es nicht, möglichst viele Argumente zu finden - es kommt auf deren Qualität an! Finde also lieber wenige, dafür aber überzeugende Argumente, die du gewissenhaft und anschaulich ausarbeiten kannst!
- Deine Argumente verknüpfst du mithilfe abwechslungsreicher Konjunktionen.
- Du schreibst deinen Text im Präsens.

b. ______________________

- Du musst den Aufbau eines Briefes beachten (Absender/Empfänger, Betreffzeile, Ort/Datum, höfliche Anrede, Grußformel am Schluss).
- In der Einleitung beziehst du dich auf die Zeitungsnachricht, die dich zum Schreiben bewegte oder auf das Thema, das dich beschäftigt.
- Im Hauptteil musst du deinen Standpunkt klar vertreten und abwechslungsreich argumentieren (↗ Stellungnahme).
- Du schreibst einen solchen Brief in der Ich-Form und im Präsens.

c. ______________________

- Diese Aufsatzform ist eine ausführliche und anschauliche Form des Berichts.
- Als Reporter/Reporterin schilderst du ein Ereignis aus deiner persönlichen Sicht. Du kannst also deine Gefühle beschreiben und so deine Leserinnen und Leser mitten in das Geschehen hineinführen.
- Du musst in einer Reportage gleichzeitig über Dinge informieren und die Leserinnen und Leser unterhalten. Daher kannst du in deinem Schreibstil zwischen sachlicher Darstellungsweise und anschaulichem Erzählen wechseln.

d. ______________________

- Diese Aufsatzform wird verfasst über verschiedene Dinge, die geschehen sind, es gibt zum Beispiel Unfallberichte, Diebstahlberichte, Reiseberichte.
- In der Einleitung beantwortest du die W-Fragen (Wer ist beteiligt? Wo ist es geschehen? Wann ist es geschehen? Was ist geschehen?).
- Im Hauptteil berichtest du sachlich und in zeitlich richtiger Reihenfolge über das Geschehen. Wichtig ist es dabei auch, Details zu nennen.
- In den Schlussteil gehört die Nennung der Folgen des Geschehenen und auch ein möglicher Ausblick (Wie geht es nun weiter?).
- Du musst im Präteritum berichten und dabei sehr objektiv sein, das bedeutet, dass du keine persönlichen Gefühle mit einbringst.

e. ______________________

- Wenn du diese Aufsatzform entwickelst, musst du den Anlass, die Zuhörer und das Ziel deiner Rede berücksichtigen und den Stil deiner Rede anpassen. So sprichst du am Geburtstag des besten Freundes eher salopp und freundschaftlich und als Schülersprecher beim Jubiläum deiner Schule sachlich und dem Anlass entsprechend kultiviert.
- In der Einleitung begrüßt du die Zuhörer und nennst Anlass und Ziel deiner Rede.
- Im Hauptteil führst du deine Gedanken aus und argumentierst.
- Am Schluss deiner Rede ziehst du ein Resümee und bedankst dich bei deinen Zuhörerinnen und Zuhörern.
- Wichtig ist es, bei einer Rede bestimmte Stilmittel (Anaphern, Metaphern, Ausrufe, Aufforderungen) einzubauen, die das Publikum mitreißen.
- Du schreibst deine Rede in der Ich-Form, redest dein Publikum aber an (ihr/Sie) oder bildest die Wir-Form, um die Zuhörerinnen und Zuhörer einzubeziehen.

f. ______________________

- Jeder dieser Texte hat eine aussagekräftige Überschrift (Schlagzeile), die die Leserschaft neugierig macht, aber nicht zu viel verrät.
- Einen solchen Artikel musst du kurz und sachlich schreiben, ohne deine persönliche Meinung kundzutun.
- In der Einleitung, dem sogenannten Vorspann, sind die wichtigsten Informationen enthalten, der Leser/die Leserin könnte hier abbrechen. Wichtige W-Fragen (Wer ist beteiligt? Wo ist es geschehen? Wann ist es geschehen? Was ist geschehen?) hast du also hier bereits beantwortet.
- Im Hauptteil, dem sogenannten Nachrichtenkörper, folgen genauere Zusatzinformationen zum Geschehen. Dabei musst du die Informationen im sogenannten Lead-Stil verarbeiten, das bedeutet, du berichtest nach dem Prinzip der abnehmenden Wichtigkeit. Weniger wichtige Einzelheiten stehen am Ende.
- Du schreibst im Präteritum.

g. ______________________

- Nenne Ort und Datum und auch die Anrede „Liebes Tagebuch“.
- Versetze dich in die Figur, aus deren Sicht du schreibst. Was bewegt sie? Wie fühlt sie sich?
- In der Einleitung erklärst du, worüber du schreiben möchtest.
- Im Hauptteil schreibst du anschaulich, das bedeutet, dass du viele beschreibende Adjektive nutzt und ausführlich über deine Gefühle und Gedanken berichtest. Am Schluss fasst du vielleicht zusammen wie es weitergehen soll oder triffst einen Entschluss.
- Du schreibst in der Ich-Form und meist im Präteritum, da du ja häufig über Vergangenes berichtest.

h. ______________________

- Wichtig ist es bei dieser Aufsatzform, die Formalien einzuhalten. Dazu gehört: Absender mit Adresse (oben links), Ort und Datum (oben rechts), Name und Anschrift desjenigen, der den Brief erhält (unter den Absender) und eine Betreffzeile für den Grund des Schreibens darunter. Beim persönlichen Brief genügen Ort und Datum.
- Denke an die höfliche Anrede und die Grußformel am Ende.
- In die Einleitung schreibst du, was der Anlass deines Schreibens ist.
- Im Hauptteil machst du deine Meinung deutlich und erörterst dein Anliegen oder deinen Standpunkt und am Schluss schließt du mit einem Resümee.
- Beim persönlichen Brief musst du gemäß der Aufgabenstellung fast immer aus der Sicht einer bestimmten Figur (aus einem vorgegebenen Text) schreiben. Dabei musst du die Informationen berücksichtigen, die dir der Text liefert, wie zum Beispiel Einzelheiten, die der Figur wichtig sein könnten.
- Du schreibst in der Ich-Form und im Präsens.

1 Erörterung in Form eines Leserbriefes

In einem Leserbrief kannst du als Leser/Leserin einer Zeitung deine eigene Meinung zu einem Ereignis oder zu einer Nachricht, die in der Zeitung abgedruckt wurde, äußern. Leserbriefe sind wichtig für die öffentliche Meinungsbildung und Diskussion. In der Prüfung wird oft verlangt, dass du einen Sachverhalt in Form eines Leserbriefes erörterst.

Gut zu wissen

Die **Merkmale eines Leserbriefs** sind:

- Zuschrift eines Lesers/einer Leserin an eine Zeitung
- der Verfasser/die Verfasserin äußert sich zu einem Sachverhalt, über den in der Zeitung berichtet wurde
- er enthält Lösungsvorschläge, weitere Anregungen, die eigene Meinung oder Hinweise
- formal weist er die Elemente eines Briefes auf (Adressat und Absender, Datum, Betreff, höfliche Anrede, Grußformel mit Unterschrift)

Indirekte Rede:
In Zeitungsartikeln werden oft Personen zitiert. Diese Äußerungen stehen in direkter Rede. In deinem Leserbrief gibst du diese Zitate indirekt wieder, das heißt, du musst die direkte Rede in indirekte Rede umwandeln. Dafür benötigst du die Konjunktiv-Formen. Vergegenwärtige dir hierfür noch einmal die Regeln für die indirekte Rede:

1. In der indirekten Rede werden die **Verben im Konjunktiv** verwendet. Das hat folgenden Effekt:
   Es wird klar, dass hier die Meinung einer anderen Person wiedergegeben wird. Man schafft so einen Abstand zwischen seiner eigenen Meinung und der Meinung dieser anderen Person. Die am häufigsten gebrauchte Verbform ist die 3. Person Singular. Vergleiche:

Direkte Rede im Indikativ	**Indirekte Rede im Konjunktiv**
Sie sagt: „Ich *bin* dabei."	Sie sagt, dass sie dabei *sei*.
Sie sagt: „Ich *war* dabei."	Sie sagt, dass sie dabei *gewesen sei*.
Er sagt: „Ich *habe* keine Zeit."	Er sagt, er *habe* keine Zeit.
Er sagte: „Ich *habe* Tee *gekocht*."	Er sagte, er *hätte* Tee gekocht.

2. Indirekte Reden beginnen oft mit einem ***dass*-Satz** oder mit **uneingeleiteten Nebensätzen**:
   Der Stadtplaner: „Nun ist fast die ganze Fläche bebaut."
   → Der Stadtplaner sagte, *dass* nun fast die gesamte Fläche bebaut sei.
   → Der Stadtplaner sagte, *die gesamte Fläche sei nun fast bebaut*.

3. In indirekten Reden verändert sich die Perspektive, das heißt, **Pronomen ändern** sich sinngemäß oder fallen weg. Es ist also wichtig, zu beachten, wer spricht und zu wem oder von wem gesprochen wird:
   „*Unser* Planungsbüro hat <u>sein</u> Bestes geben", sagte Neufeld.
   → Neufeld sagte, dass *sein* Planungsbüro <u>das</u> Beste gegeben habe.

4. Es gibt noch weitere **redeeinleitende Verben** für die indirekte Rede, also Verben, die man statt *er/sie sagte* verwenden kann. Das macht einen Text lebendiger:
   → meinen, erwähnen, mitteilen, versprechen, antworten, vermuten, betonen, hervorheben ...
   → Der Stadtplaner hob hervor, dass nun fast die gesamte Fläche bebaut sei.

Übung 1: Seniorengerechtes Wohnen

Kathrin W. (36), Mutter von zwei Kindern (4 und 8), ist mit ihrem Mann vor einem Jahr in ihr neues Haus in der Neubausiedlung „Lippeblick" eingezogen. An einem Samstagmorgen, dem 22.08.09, liest sie in der Lokalzeitung Hammer Rundschau folgenden Artikel:

Seniorengerechtes Wohnen im Lippeblick?

HAMM. „Mit viel Grün" und als „ein Speckgürtel außerhalb der Innenstadt", so stellten sich die Stadtplaner das Neubaugebiet „Lippeblick" vor zwei Jahren vor. Nun ist fast die gesamte Fläche bebaut und es ist Zeit, ein Fazit zu ziehen. „Vor allem die Senioren, aber auch viele junge Familien haben die Chance genutzt, ein Einfamilienheim in ruhiger Wohnlage zu beziehen", so Stadtplaner Peter Neufeld. Das Seniorenzentrum „Lippeblick" sei sehr gefragt und alle Plätze in der Anlage seien belegt, die Wartelisten lang. Die Wohnumgebung sei nun der nächste Schritt, der angegangen werden müsse. „Es geht nun darum, den Wünschen der Menschen zu entsprechen und die Nutzung der Frei- und Grünflächen festzulegen". Im Interview mit unserer Zeitung sagte Neufeld, es gehe ihm und dem Stadtplanungsbüro der Stadt Hamm vor allem darum, eine Anpassung der Neubausiedlung und des Ortskerns der Stadt Hamm an seniorengerechtes Wohnen zu vollziehen. „Wir müssen uns an den deutlichen demographischen Wandel in der Altersstruktur anpassen", so Neufeld weiter. Laut Berechnung des Statistischen Bundesamtes werde bis 2050 jeder Dritte in Deutschland älter als 60 und mindestens jeder Zehnte über 80 Jahre alt sein.

Besonders stark träfe die demographische Entwicklung große Teile Ostdeutschlands und eben auch das Ruhrgebiet in Westdeutschland. So sei die demographische Entwicklung nicht nur eine Herausforderung für die Gesellschaft, sondern auch für die Wirtschaft und die Stadtentwicklung, sich den sich ändernden Bedürfnissen anzupassen. Konkrete Pläne wollte er noch nicht nennen, aber eine parkähnliche Gartenlandschaft mit Teichen am Seniorenzentrum Lippeblick im Neubaugebiet, zwei Parkplätze für Senioren mit extra großen Parklücken nahe der Stadt und des Einkaufszentrums, viele Sitzmöglichkeiten in und nahe der Stadt, sogenannte „Kommunikationsinseln", die Zentralisierung von Einrichtungen und Behörden rund um den Marktplatz und die Schaffung von mehr Sport- und Beschäftigungsmöglichkeiten für die Senioren stelle er sich unter anderem vor. Pläne, so Neufeld, werden in der nächsten Ratssitzung besprochen und abgestimmt.

H. Müller

► **Kathrin W. und ihre Familie verstehen zwar die Anliegen des Stadtplaners, fühlen sich in seinen Aussagen aber nicht in ihren Bedürfnissen und Wünschen als junge Familie wahrgenommen. Deshalb beschließt Kathrin W. einen Leserbrief an die Lokalzeitung zu schreiben, um auf ihre Sicht der Dinge aufmerksam zu machen. Schreibe diesen Leserbrief!**

a. Stelle dabei deine eigene Situation aus Sicht der Kathrin W. und ihrer Familie dar.

b. Achte auf eine stichhaltige Argumentation und entwickle einen eigenen Standpunkt.

c. Überlege dir auch, inwiefern Kompromisse geschlossen werden könnten, sodass beide Parteien (Familien und Senioren) zufrieden wären.

Schritt 1: Thema erschließen

1 Textsorte: Leserbrief

1.1 Was macht eigentlich einen Leserbrief aus? Kreuze die richtige Antwort an! ■
In einem Leserbrief ...

- ☐ **a.** ... wird ein außergewöhnliches Ereignis, z. B. ein Wohnungsbrand, dargestellt.
- ☐ **b.** ... werden durch die Presse falsch dargestellte Sachverhalte richtiggestellt und am folgenden Tag veröffentlicht.
- ☐ **c.** ... bezieht sich der Verfasser auf Presseberichte und bringt dazu seine eigene Meinung zum Ausdruck, indem er berichtigt, kritisiert oder auch ergänzt.
- ☐ **d.** ... geht es um die Definition von Begrifflichkeiten, die man dann anschließend in einem Lexikonartikel veröffentlichen kann.

2 Thema: Wohnen im Lippeblick

2.1 Was meint Peter Neufeld damit, wenn er sagt: „Wir müssen uns an den deutlichen demographischen Wandel in der Altersstruktur anpassen"? Schlage dir unbekannte Begriffe im Wörterbuch nach! ■■

2.2 Wie stellt sich Stadtplaner Peter Neufeld die Neubausiedlung „Lippeblick" vor? Mache dir Stichpunkte! ■

2.3 Wie stellt sich wohl Kathrin W. ihr Lebensumfeld vor? Mache dir Stichpunkte! ■■

2.4 Unterstreiche die Aussagen des Artikels, die der Meinung von Kathrin W. nicht entsprechen könnten, rot! ■

2.5 Überlege dir, wie es möglich sein könnte, dass beide Parteien mit der Gestaltung der Siedlung einverstanden sind. Wie stellst du dir das Zusammenleben vor? ■■■

Schritt 2: Stoffsammlung

1 These

1.1 Stelle deine Behauptung (These) zur Umgestaltung der Neubausiedlung aus der Sicht von Kathrin W. auf. ■■

Formulierungshilfen

- *Ich bin der Meinung, dass …*
- *Ich meine …*
- *Ich finde …*
- *Ich stehe auf dem Standpunkt, dass …*
- *Ich vertrete den Standpunkt, dass …*
- *Meines Erachtens ..*
- *Für mich ist wichtig, dass …*

Meine Behauptung/These:

____

____

2 Argumente

2.1 Argumente sind Begründungen, die die Behauptung (These) durch geeignete Fakten, Zitate oder Beispiele unterstützen. Finde weitere Argumente für deine These und untermauere sie mit Beispielen! ■■■

	Argument	Beispiel
	Der Stadtplaner sagt schließlich, es gehe darum, den Wünschen der Menschen zu entsprechen, wenn die Nutzung der Frei- und Grünflächen festgelegt werde. Deshalb muss man auch an die Wünsche der Familien und Kinder denken.	Die Kinder wünschen sich Platz zum Spielen, also Bolzplätze und Spielplätze. Denkt man an die Eltern, so …

Schritt 3: Stoff ordnen

1 Argumente sortieren

1.1 Nun musst du deine gesammelten Argumente nach ihrer Wichtigkeit sortieren. Trage hierfür in die erste Spalte der vorstehenden Tabelle Ziffern gemäß ihrer Überzeugungskraft ein (1 = überzeugend; x = am überzeugendsten). ■■

2 Argumente verknüpfen

2.1 Es gibt verschiedene Möglichkeiten, Argumente sprachlich geschickt zu verbinden. Ordne mit Pfeilen zu! ■

Steigerungen

Reihungen

Gegensätze

a. einerseits kann man sagen ..., andererseits ...
b. ausschlaggebend ist aber meiner Meinung nach die Tatsache, dass ...
c. außerdem; auch; weiterhin; ferner; dann
d. entscheidender ist jedoch das Argument, dass ...
e. zum einen ..., zum anderen ...
f. wichtig ist zunächst die Beobachtung, dass ...; darüber hinaus ...
g. zwar ..., aber
h. weitaus wichtiger aber ist ...
i. zunächst; des Weiteren; dazu kommt, dass ...

3 Argumente ausformulieren

3.1 Verknüpfe deine Argumente aus Schritt 2 mithilfe oben stehender Formulierungen. Verbinde deine Gedanken mit geeigneten Konjunktionen wie z. B.: *denn, trotzdem, deshalb, obwohl, da, weil, sodass ...* ■

Beispiel:
*Meines Erachtens ist es wichtig, bei der Gestaltung der Neubausiedlung nicht nur an die Senioren, sondern auch an die jungen Familien zu denken (**These**). Zwar ist es richtig, wie Neufeld sagt, dass die demographische Entwicklung es erfordere, die Stadtplanung seniorengerechter zu gestalten, aber man darf dabei die jungen Familien nicht aus dem Blick verlieren (**Argument**), da man sonst die Vergreisung des Stadtteils in Kauf nimmt, wenn die jungen Familien in attraktivere Wohnumfelder abwandern (**Beispiel**).*

TIPP Beginne mit dem schwächsten Argument und steigere dich zum stärksten!

Schritt 4: Stoff gliedern

1 Schreibplan

1.1 Nachfolgend findest du einen Schreibplan für deinen Leserbrief, der dir zeigt, wie du beim Schreiben vorgehen kannst. Du gliederst deinen Text in Einleitung, Hauptteil und Schluss. ■■

Einleitung:
- Oben links stehen untereinander die Namen und Adressen des Absenders und des Empfängers (darunter).
- Ort/Datum stehen rechts, etwas unterhalb der Höhe des Empfängers („Hamm, den ...").
- Vor der Anrede befindet sich die Betreffzeile (der Grund für den Brief, z. B.: „Ihr Artikel „Seniorengerechtes Wohnen im Lippeblick" in der „Hammer Rundschau" vom 22.08.2009").
- Wähle eine höfliche Anrede (Ist kein Name bekannt, schreibt man: „Sehr geehrte Damen und Herren, ...").
- Nenne den Artikel auf den du dich beziehst (Titel und Verfasser des Artikels sowie Quelle und Erscheinungsdatum) und schildere kurz dessen Inhalt.
- Stelle deine eigene Situation als Verfasserin des Briefes dar und nenne den Grund deines Schreibens (kann auch eine provozierende Behauptung sein: „Sollen junge Familien etwa aus der Neubausiedlung „Lippeblick" vertrieben werden?").

Hauptteil:
- Verfasse eine Argumentation. Vergiss nicht, dich dabei deutlich auf den Artikel zu beziehen. Greife hierfür die Aussagen des Stadtplaners auf.
- Beziehe einen klaren eigenen Standpunkt! Deine Meinung muss deutlich erkennbar sein.

Schluss:
- Verfasse ein Resümee (eine Zusammenfassung deiner Meinung).
- In diesem Fall musst du auch Kompromissvorschläge äußern (↗ Schritt 1, Aufgabe 2.5).
- Abschließend kannst du noch einen Wunsch oder eine Aufforderung äußern.
- Vergiss die Grußformel (Mit freundlichen Grüßen ...) und deine Unterschrift nicht!

Formulierungshilfen für den Schlussteil

- *Zusammenfassend ist zu sagen, dass .../möchte ich betonen, dass ...*
- *Damit wird deutlich, dass ...*
- *Nun lässt sich erkennen, dass ...*
- *Ich schlage daher vor, dass ...*
- *Man sollte also immer bedenken, dass ...*
- *Abschließend hoffe ich, dass ...*
- *Zu guter Letzt muss man anerkennen, dass ...*

Schritt 5: Bezug nehmen

1 Konjunktiv in indirekter Rede

1.1 Wichtig ist, dass du im Hauptteil deines Leserbriefes auf die Aussagen des Stadtplaners Bezug nimmst. In Leserbriefen wird allerdings die direkte Rede nur selten zitiert. Übertrage die drei Aussagen Peter Neufelds, die im Artikel stehen, in die indirekte Rede. Benutze dabei die richtigen Konjunktiv-Formen! ■■

Neufeld: „Die Stadtentwicklung <u>ist</u> *mir* wichtig."	Neufeld betonte, dass *ihm* die Stadtentwicklung wichtig <u>sei</u>.
Neufeld: „*Wir* <u>haben</u> viel dazu gelernt."	Er fand, dass *sie* viel dazu gelernt <u>hätten</u>.
„Vor allem die Senioren, aber auch viele junge Familien haben die Chance genutzt, ein Einfamilienheim in ruhiger Wohnlage zu beziehen", so Neufeld.	
Neufeld: „Es geht nun darum, den Wünschen der Menschen zu entsprechen und die Nutzung der Frei- und Grünflächen festzulegen."	
„Wir müssen uns an den deutlichen demographischen Wandel in der Altersstruktur anpassen", so Neufeld weiter.	

2 Leserbrief verfassen

2.1 Mithilfe all deiner Vorarbeiten kannst du nun einen vollständigen Leserbrief verfassen. Halte dich an die Aufgabenstellung, schreibe im Präsens und orientiere dich am Schreibplan aus Schritt 4! Im Schlussteil brauchst du keine neuen Argumente mehr nennen. Denke aber daran, mögliche Kompromisse aufzuzeigen. ■■■

Schnell-Check Leserbrief

Inhalt		
Ich habe die Aufgabenstellung mit meinem Text verglichen. Ich habe in meinem Leserbrief alle Aspekte berücksichtigt.		
Ich habe keine inhaltlichen Wiederholungen. Die Dopplungen habe ich alle rausgestrichen.		
Mein Standpunkt ist klar erkennbar. Ich habe meine Meinung mit guten Argumenten untermauert und mit Beispielen belegt.		
Mein stärkstes Argument steht am Ende.		
Die Struktur meines Textes habe ich überprüft. Die Einleitung führt zum Thema hin. Ich habe mich deutlich auf den Artikel bezogen. Zum Schluss habe ich noch einmal meine Meinung zusammengefasst.		
Ich habe Kompromissvorschläge aufgezeigt.		
Ausdruck		
Meine Wortwahl ist angemessen für den Leserbrief einer jungen Mutter.		
Ich habe im Präsens geschrieben.		
Meine Satzanfänge variieren.		
Mein Satzbau ist abwechslungsreich. Mithilfe der Proben (Ersatz-, Umstell-, Weglass- oder Erweiterungsprobe) habe ich meinen sprachlichen Ausdruck verbessert.		
Bandwurmsätze habe ich gekürzt.		
Ich habe korrekt zitiert. In der indirekten Wiedergabe der wörtlichen Rede habe ich den Konjunktiv benutzt.		
Grammatik, Rechtschreibung, Zeichensetzung		
Die Wörter, bei deren Schreibung ich nicht sicher bin, habe ich im Wörterbuch nachgeschlagen.		
Ich habe die Anredepronomen in der Höflichkeitsform großgeschrieben (Sie, Ihre, Ihnen).		
Ich habe meinen Leserbrief „rückwärts“ gelesen und auf diese Weise die Flüchtigkeitsfehler entdeckt.		
Form		
Ich habe meinen Leserbrief in Einleitung, Hauptteil und Schluss unterteilt.		
Meine Schrift ist gut lesbar.		
Ich habe die formalen Kriterien eines Briefes beachtet. Höfliche Anrede, Datum und die Grußformel mit meinem Namen sind vorhanden.		

2 Übertragung eines Gedichtes in einen inneren Monolog

Bei den Prüfungsaufgaben zur kreativen Textproduktion kann es auch darum gehen, sich kreativ mit vorgelegten Texten auseinanderzusetzen. In der nachfolgenden Übung lernst du, wie du einen inneren Monolog zu einem modernen Gedicht erstellst, indem du dich in die Gefühlswelt des lyrischen Ichs hineinversetzt. Der innere Monolog wird in der Prüfung oft verlangt. Diese Aufsatzform solltest du dir daher besonders gut einprägen.

Gut zu wissen

Die **Merkmale eines inneren Monologs** sind:

- Gedankenrede bzw. Selbstgespräch
- persönlichste Form der Darstellung, offenbart das Innere eines Menschen
- enthält Gedanken und Gefühle einer Person
- in der Ich-Form (1. Person Singular) geschrieben
- im Präsens verfasst
- kein Gesprächspartner vorhanden
- enthält oft Fragen oder Ausrufe
- kurzer, reihender Satzbau
- gibt Ereignisse nicht unbedingt vollständig oder in der richtigen zeitlichen Abfolge wieder
- keine geordnete Schreibweise, enthält Gedankensprünge

Stilmittel für einen inneren Monolog:

- kurze Sätze (z. B. *„Ich fühle mich hilflos.“*; *„Ich bin wütend.“*)
- reihender Satzbau (z. B. viele Aufzählungen; *„ erst ... dann ... danach ...“*)
- rhetorische Fragen (z. B. *„Wie konnte das nur geschehen ...?“*)
- Ausrufe (z. B. *„Oh, nein!“*; *„Nicht schon wieder!“*; *„Unglaublich!“*; *„Warum?“*)
- Satzzeichen (z. B. drei Auslassungspunkte für Gedankensprünge oder eine Pause im Gedankengang)
- Beschreibungen in der Ich-Form (*„Ich fühle mich ...“*; *„Ich denke ...“*)

Übung 2: Nie mehr (Ulla Hahn)

▶ **Lies dir das Gedicht „Nie mehr" von Ulla Hahn gut durch. Schreibe dann aus der Sicht des lyrischen Ichs einen inneren Monolog, in dem es von den Gefühlen berichtet, die es quälen. Dabei musst du auch selbst kreativ werden und dir einen Grund dafür überlegen, warum sich das lyrische Ich so fühlt.**

Nie mehr

Das hab ich nie mehr gewollt
um das Telefon streichen am Fenster stehn
keinen Schritt aus dem Haus gehn Gespenster sehn
Das hab ich nie mehr gewollt

Das hab ich nie mehr gewollt
Briefe die triefen schreiben zerreißen
mich linksseitig quälen bis zu den Nägeln
Das hab ich nie mehr gewollt

Das hab ich nie mehr gewollt
Soll dich der Teufel holen.
Herbringen. Schnell.
Mehr hab ich das nie gewollt.

Ulla Hahn: Unerhörte Nähe. Gedichte, © 1988 Deutsche Verlags-Anstalt München, in der Verlagsgruppe Random House GmbH

Schritt 1: Aufgabe erschließen

HINWEIS In einem inneren Monolog, auch Gedankenrede genannt, gibt eine Person ihre Gedanken und Gefühle in der Ich-Form wieder. Als Leser/Leserin schaut man dieser Person quasi beim Denken zu. Der innere Monolog ist die wohl persönlichste Form, die das Innere eines Menschen zeigt. Es gibt keinen Gesprächspartner mehr wie im Tagebuch oder beim Brief. Der innere Monolog ist ein Selbstgespräch, das jemand mit sich führt, wenn etwas Wichtiges geschehen ist.

1 Was erfordert die Aufgabenstellung?

1.1 Kreuze die richtige Antwort an. ▪
Du sollst ...

- ☐ **a.** ... das Gedicht aus der Sicht des lyrischen Ichs fortführen.
- ☐ **b.** ... das Gedicht mithilfe eines inneren Monologs interpretieren.
- ☐ **c.** ... die Gefühlssituation des lyrischen Ichs mithilfe eines inneren Monologs darstellen.
- ☐ **d.** ... mithilfe des inneren Monologs eine Gedankenrede verfassen.

Schritt 2: Textgrundlage verstehen

HINWEIS In diesem Gedicht gibt es einen Sprecher/eine Sprecherin („Das hab *ich* nie mehr gewollt"). Diesen/Diese bezeichnet man als das lyrische Ich. Du darfst das lyrische Ich aber nicht mit der Autorin Ulla Hahn gleichsetzen. Das Sprechen in der 1. Person Singular ist typisch für Gedichte. So können die Gefühle und Gedanken des lyrischen Ichs der Leserschaft unmittelbar mitgeteilt werden.
Das lyrische Ich spricht zu einem Adressaten/einer Adressatin. Dieser/Diese kann eine konkrete Person, eine Gruppe von Menschen, es können aber auch alle Menschen sein. Manchmal wird auch deutlich, in welchem Verhältnis Sprecher und Adressat zueinander stehen und in welcher Situation sie sich befinden.

1 Geschlecht des lyrischen Ichs

1.1 Zur Auseinandersetzung mit Gedichten gehört auch, für sich selbst das Geschlecht des lyrischen Ichs festzulegen, um sich besser in die Person hineindenken zu können. Was meinst du, ist das lyrische Ich für dich eine Frau oder ein Mann? Welches Geschlecht hat der Adressat? Begründe mit Beispielen (z. B.: *„Für mich ist das lyrische Ich eine Frau, weil ... Besonders deutlich wird dies in Strophe 3, als ...“*)! ■■

____

____

2 Gefühlswelt des lyrischen Ichs

2.1 Damit du dich in das lyrische Ich hineinversetzen kannst, um seine Gefühlswelt nachspüren zu können, musst du jede einzelne Strophe des Gedichtes untersuchen. Nimm dir nun einen Stift und lies das Gedicht „Nie mehr“ nochmals. Notiere dabei am Rand: ■■

- Welche Gedanken, Assoziationen und Fragen hast du zu dem Gedicht?
- Welche Stimmung vermittelt das Gedicht? Was empfindest du beim Lesen?
- Schreibe neben jede Strophe eine kurze Zusammenfassung!

Hier ein Beispiel:

Nie mehr

Das hab ich nie mehr gewollt
um das Telefon streichen am Fenster stehn
keinen Schritt aus dem Haus gehn Gespenster sehn
Das hab ich nie mehr gewollt

[Was?!] [Wie eine Katze? Herumschleichen?] [sich was einbilden]

[Strophe 1: Das lyrische Ich ist unglücklich verliebt, ...]

2.2 Welche Bedeutung haben dabei die sprachlichen Besonderheiten im Gedicht? ■■

- „um das Telefon streichen“ (V. 2)

  Erinnert an eine Katze, die gestreichelt werden will, die um Zuwendung bettelt.

- „Gespenster sehn“ (V. 3)

  ____

- „Briefe, die triefen“ (V. 6)

  ____

- „mich linksseitig quälen bis zu den Nägeln“ (V. 7)

____

- „soll dich der Teufel holen“ (V. 10)

____

3 Personen

3.1 Was erfährst du über das lyrische Ich? Vervollständige den folgenden Satz! ■

Das lyrische Ich ist verliebt, bleibt zu Hause und wartet auf eine Nachricht der/des Geliebten. Es ist unglücklich und unzufrieden mit der Situation („nie mehr gewollt“), die es schon öfter erlebt hat. Die Zeit des Wartens verbringt es mit verschiedenen Aktivitäten (V. 2, 3, 6), es ...

____

____

____

3.2 Verändert sich das lyrische Ich? Macht es eine gedankliche Entwicklung durch? Beachte dabei den letzten Vers, der die Wiederholung bestimmter Verse zuvor aufbricht. Formuliere in ganzen Sätzen! ■■

____

____

____

____

4 Handlung

4.1 Wie erklärst du dir das Verhalten des lyrischen Ichs? Warum wünscht es sich auf einmal die Person doch wieder so sehnlichst herbei? Formuliere in ganzen Sätzen! ■■

____

____

____

____

4.2 Die Aufgabenstellung verlangt, dass du dich in die Gefühlswelt des lyrischen Ichs hineinversetzt und dir auch einen Grund für das Verhalten, also einen Hintergrund für die Situation, überlegst Lege für dich fest: Warum wartet das lyrische Ich auf die geliebte Person? Warum wollte es diese Situation nie wieder erleben, was mag zwischen den beiden passiert sein? ■■

____

____

____

____

Schritt 3: Stoffsammlung

HINWEIS Der „Rahmen“, also die Verse 1 und 4 jeder Strophe, spiegelt die äußere, aber auch die innere Situation des lyrischen Ichs wieder. Es bleibt im Haus und ist in den Gedanken an den Geliebten/die Geliebte gefangen. Nun musst du die Gedanken sammeln, die du in deinem inneren Monolog verwenden willst.

1 Gedanken und Gefühlsbeschreibungen des lyrischen Ichs

1.1 Finde möglichst viele Gedanken- und Gefühlsbeschreibungen, die die Situation treffen, in der sich das lyrische Ich befindet. ■■

- *Ich fühle mich hilflos, weil ich nicht weiß, wann du dich bei mir meldest.*
- *Meine Gedanken kreisen nur darum, wo du dich gerade befindest.*
- *Ich* ______________________________ .
- ______________________________
- ______________________________
- ______________________________
- *Auf der einen Seite wollte ich nie mehr, dass du* ______________________________
  aber ______________________________ .
- *Enttäuschung! Du ...*
  ____
  ______________________________ .
- *Ich bin so wütend auf dich! ...*
  ____
  ______________________________ .
- *Letztlich sehe ich die Situation aber ganz klar! Ich wünsche mir, dass* ______________________________
  ____
  ______________________________ .

Schritt 4: Stoff gliedern und abfassen

Folgende Vorbereitungen hast du schon erledigt:

- Du hast dir über das Verhältnis zwischen dem lyrischen Ich und dem/der Geliebten Gedanken gemacht.
- Du hast die Gedankengänge des lyrischen Ichs nachvollzogen.
- Du hast dir Hintergründe überlegt und aufgeschrieben, die in den inneren Monolog passen könnten.
- Du hast dir Gedanken und Gefühle überlegt.

1 Reihenfolge festlegen

1.1 Nun kommt es darauf an, all das, was du gesammelt hast, in eine Abfolge zu bringen. Notiere dir zuerst stichpunktartig, was du in deinem inneren Monolog verwenden möchtest. Anschließend nummerierst du die Stichpunkte in der Reihenfolge, wie es dir sinnvoll erscheint. Berücksichtige dabei folgende Leitfragen: ■■

- Womit setzt der innere Monolog ein?
- Welche Aspekte folgen dann?
- Mit welchem Gedanken endet er?

Stichpunkt:	Reihenfolge Nr.:

2 **Inneren Monolog verfassen**

2.1 Jetzt kannst du deinen inneren Monolog schreiben. Bedenke dabei die Merkmale für einen inneren Monolog und orientiere dich an den nachstehenden Schreibtipps. ■■■

TIPPS
- Formuliere deine Gedanken so, wie sie dir gerade einfallen.
- Um sie direkt auf den Leser/die Leserin wirken zu lassen, verwendest du die 1. Person („Ich bin so unglücklich ...“ – „Wie konnte das geschehen ...?“).
- Schreibe im Präsens. Es gibt keinen Erzähler, der vorangegangene Ereignisse wiedergibt. Das musst du selbst machen, indem du dich an diese Ereignisse erinnerst und sie so der Leserschaft mitteilst. Diese Gedanken müssen die vorherigen Erlebnisse nicht vollständig wiedergeben. Du musst dich auch nicht an die richtige zeitliche Abfolge halten. Das ist beim inneren Monolog nicht nötig.
- Der Satzbau entspricht dem Nachdenken: kurz und reihend. Er darf auch stellenweise unvollständig sein. Füge hierfür „(...)“ ein.
- Verwende unterschiedliche Satzanfänge.
- Verdeutliche deine Gefühle und Gedanken mithilfe entsprechender Satzzeichen (Ausrufe-/Fragezeichen etc.).
- Scheue dich nicht, auch Gedankensprünge einzuplanen – denn gerade dieses sprunghafte Hin- und Herüberlegen ist ein besonderes Merkmal des inneren Monologs. Dem lyrischen Ich gehen eine Reihe widersprüchlicher Gedanken und Gefühle durch den Kopf. Sie entwickeln sich aus dem Nachdenken und Fühlen und sind nicht gegliedert oder gar geordnet. Die Gedankenkette sollte allerdings für den Leser/die Leserin nachvollziehbar sein. Ein willkürliches Durcheinander würde dazuführen, dass die Leserschaft aufgrund der Sprünge nicht weiß, was geschehen ist und wie es hierzu kam.

Schnell-Check innerer Monolog

Inhalt		
Ich habe die Aufgabenstellung mit meinem Text verglichen. Ich habe alle Aspekte berücksichtigt. Ich habe einen Grund genannt und ausgeführt, warum sich das lyrische Ich so fühlt.		
Die Gefühlswelt des lyrischen Ichs habe ich umfassend dargestellt.		
Ich habe keine inhaltlichen Wiederholungen. Die Dopplungen habe ich alle rausgestrichen.		
Ausdruck		
Ich habe durchgängig in der 1. Person Singular geschrieben.		
Meine Satzanfänge variieren.		
Ich habe im Präsens geschrieben.		
Mein Satzbau entspricht der Gedankenrede. Er ist kurz und reihend.		
Grammatik, Rechtschreibung, Zeichensetzung		
Die Wörter, bei deren Schreibung ich nicht sicher bin, habe ich im Wörterbuch nachgeschlagen.		
Ich habe die Gedanken und Gefühle des lyrischen Ichs mithilfe verschiedener Satzzeichen verdeutlicht.		
Ich habe meinen inneren Monolog „rückwärts" gelesen und auf diese Weise die Flüchtigkeitsfehler entdeckt.		
Rechtschreibung, Zeichensetzung und Grammatik habe ich mehrmals überprüft. Dabei habe ich auf meine Fehlerschwerpunkte geachtet.		
Form		
Meine Schrift ist gut lesbar.		
Ich habe meinen Text in sinnvolle Abschnitte gegliedert und dadurch optisch ansprechender und lesbarer gemacht.		

3 Tagebuch-Eintrag zu einem Romanauszug

Es kann sein, dass du in der Prüfung als Vorlage für die kreative Textproduktion einen Auszug aus einem Drama oder einem Roman vorgelegt bekommst. Auch eine Kurzgeschichte kann Anlass geben, dazu ein Gespräch, einen Brief oder eben auch einen Tagebuch-Eintrag zu formulieren. Wie in Übung 2 beim inneren Monolog ist es auch hier wichtig, sich in die Person hineinzuversetzen aus deren Sicht du schreiben musst. Dazu erhältst du neben dem Textauszug meist auch Zusatzinformationen zum Roman bzw. zum Drama.

Gut zu wissen

Die **Merkmale eines Tagebuch-Eintrags** sind:

- keine strenge Form oder Gliederung
- enthält die persönlichen Erinnerungen einer Person
- enthält intime Gedanken und Gefühle
- keine geordnete Schreibweise, enthält Gedankensprünge
- in der Ich-Form (1. Person Singular) geschrieben
- meist im Präteritum oder Perfekt verfasst, da über Vergangenes berichtet wird
- ist an niemanden gerichtet
- enthält auch Ausrufe und Fragen
- kann Anrede (Liebes Tagebuch) und abschließende Unterschrift enthalten

Texte lesen und strukturieren:
Bevor du die Aufgabenstellung löst, musst du den Text gelesen, verstanden und dir einen Überblick über den Inhalt verschafft haben. Folgende Methode hilft dir dabei:

1. **Überblick verschaffen:** Überfliege den Text und verschaffe dir einen Überblick. Jetzt gilt es, Unklarheiten zu erkennen und diese zu beseitigen. Gibt es Sätze, die du nicht verstehst? Gibt es Wörter, die du nicht kennst? Schlage im Wörterbuch nach!

2. **Überschriften/Schlüsselbegriffe finden:** Ein Text ist meist schon in Abschnitte unterteilt, die seine Struktur widerspiegeln. Betrachte jetzt jeden Abschnitt einzeln und finde heraus, was der zentrale Inhalt des jeweiligen Abschnitts ist. Dies gelingt dir am besten, indem du die Schlüsselbegriffe herausarbeitest oder ihm eine Überschrift gibst. Arbeite pro Abschnitt mit einer anderen Farbe.

3. **Weiterführende Informationen:** In jedem Abschnitt findest du weiterführende Informationen zu dieser Überschrift bzw. zu dem jeweiligen Schlüsselbegriff. Unterstreiche sie! Achte darauf, dass du nur einzelne Wörter und nicht ganze Sätze unterstreichst. Arbeite mit der Farbe, die du für den Abschnitt gewählt hast!

4. **Zusammenfassung des Textes:** Du hast nun den Text komplett bearbeitet und kannst seine Struktur und das Thema genau erkennen. Auch detaillierte Informationen hast du markiert. Wichtiges lässt sich von Unwichtigem unterscheiden. Du kannst nun die zentralen Aspekte mündlich oder auch schriftlich wiedergeben, ohne dass du Gefahr läufst, ihn nachzuerzählen.

Übung 3: „... aber Steine reden nicht“ (Carlo Ross)

Lies dir den Romanauszug aus „... aber Steine reden nicht“ von Carlo Ross und die gegebenen Zusatzinformationen aufmerksam durch.
Erstelle dann einen Tagbuch-Eintrag aus der Sicht des jüdischen Jungen David, den dieser am Abend schreibt, nachdem er von den Kindern aus dem Viertel gedemütigt und verletzt wurde.
In dem Tagebuch-Eintrag sollst du
a. deine eigene Situation und die Geschehnisse aus Sicht Davids darstellen und
b. seine Gedanken und Gefühle schildern.

In dem 1987 erschienenen Buch „...aber Steine reden nicht“ von Carlo Ross geht es um den vierzehnjährigen jüdischen Jungen David Rosen, der gemeinsam mit seiner Mutter im Jahre 1938 in die „Stiege“, eine Armeleutestraße in der westfälischen Stadt Hagen zieht. Christen und Juden, Sozialdemokraten und Kommunisten, Nationalsozialisten und Mitläufer leben hier in engster Nachbarschaft. Hanna und David Rosen werden zunächst schnell in der neuen Umgebung aufgenommen, aber der Druck der Nazis wird von Tag zu Tag stärker.

David spürt die zunehmenden Anfeindungen und Verbote, die für die jüdische Bevölkerung gelten. Er und sein Freund Alex dürfen nicht mehr in ihre alte Schule gehen, sondern müssen eine jüdischen Schule besuchen, in den Geschäften hängen Schilder „Juden unerwünscht!“, die jüdischen Menschen dürfen nicht an den Luftschutzübungen teilnehmen und sie bekommen auch keine Gasmasken. David erlebt auch, dass Juden kaum noch Lebensmittel erhalten und sie als Menschen zweiter Klasse behandelt werden. Nur knapp können er und seine Mutter in der Reichspogromnacht mit dem Leben davonkommen. Nachdem sein Freund Alex die Möglichkeit nutzt, nach Amerika zu flüchten, ist er sehr einsam. Nur sein alter Freund Erich Zettlau spricht noch ab und zu mit ihm. Da dieser aber in der Hitlerjugend ist und mit Juden eigentlich nicht sprechen darf, ist auch diese Freundschaft zum Scheitern verurteilt.
Um ein wenig Geld zu verdienen, Milch zu erhalten und damit er nicht deportiert wird, da er für die Deutschen arbeitet, nimmt David im Januar 1939 Arbeit bei Frau Freudewald an. Er transportiert nach dem Abtransport ihres behinderten Sohnes Kalla in eine „Anstalt“ nun die Kartoffelschalen aus den Häusern der Stiege zum Stall von Frau Freudewald, damit diese an die Kühe verfüttert werden können.

„... aber Steine reden nicht“ (Auszug)

„Judenkalla, Judenkalla“, höhnten die Kinder, als David zum ersten Mal, fest vermummt durch Wollschal und Mütze, auf einem Schlitten die Kartoffelschalen für Freudewalds Kühe herbeischaffte. Die Arbeit lag dem Jungen nicht. David schwitzte trotz der eisigen Januarkälte. Das kam nicht nur von der schweren Arbeit, auch der Hohn der Kinder trug sehr dazu bei. „Judenkalla, Judenkalla“, schallte es ihm entgegen, als er wieder einmal aus einem Hauseingang trat. Und andere brüllten ihm nach: „Der Jude jede Arbeit macht, wenn’s nur in seinem Beutel lacht!“
Sie warfen die ersten Schneebälle und dann flogen auch noch Steine. Gleich am ersten Tag traf einer der Steine ihn an der Schläfe. Die Pudelmütze milderte die Wirkung des Wurfes, aber David spürte doch, wie es warm an seiner Wange hinunterlief. Mit aller Kraft zog er den schwer beladenen Schlitten auf Freudewalds Hof. Er schaffte es, war stolz darauf und vergaß für eine Weile, dass ihn der Stein blutig geschlagen hatte. Als er schon durch das Tor hindurch war, warfen sie erneut Steine. Schützend hielt er sich die Hand vor das Gesicht. Aber dann stand jemand neben ihm und half den Schlitten hinaufzuziehen. David schaute auf und erkannte Erich Zettlau. David wollte danke sagen, doch der blonde Junge meinte nur: „Quatsch nicht, zeig mir lieber mal den Kopf. Du hast ganz schön was abgekriegt.“
Als wieder Schneebälle und Steine flogen, stemmte Erich die Hände in die Seiten und schrie laut und männlich: „Dem nächsten, der einen Wackermann schmeißt, versohle ich den Arsch, dass er acht Tage nicht sitzen kann!“ Nach dieser Warnung hörten sie auf zu werfen, schrien aber ihr „Judenkalla“ noch über lange Zeit zu den zweien hinauf. Erich und David luden die schweren Säcke ab, trugen sie in den Stall, in dem es warm war, und als sie dann wieder auf dem Hof standen, schwitzend, aber froh über die geleistete Arbeit, klopfte Frau Freudewald ihnen anerkennend auf die Schultern.

Zu David gewandt sagte sie: „An die Arbeit gewöhnst du dich schon. Sollst sehen, wenn Frühling ist, hast du Muskeln wie der Kalla, und dann wagt keiner der Rotzbengel mehr dich auch nur scheel anzusehen.“
David drückte seinem Helfer die Hand. Der erwiderte den Druck: „Ich komme heute Abend auf einen Sprung zu euch rüber. Weißt du, ich bin jetzt immer so müde, die Arbeit [Anmerkung: Erich arbeitet als Lehrling bei der Reichsbahn] ist verflixt schwer, verstehst du?“
David verstand.

Textauszug aus Carlo Ross: „... aber Steine reden nicht“. © 1996 Deutscher Taschenbuch Verlag, München. Erstveröffentlichung 1987

Schritt 1: Aufgabe erschließen

1 Textsorte: Tagebuch-Eintrag

1.1 Was macht eigentlich einen Tagebuch-Eintrag aus, was nicht? Kreuze die richtigen Antworten an! ■■

Ein Tagebuch-Eintrag ...

- ☐ ... ist eine Erinnerung an all das, was man getan und erlebt hat, was einen gefreut oder bedrückt hat.
- ☐ ... enthält intime Gedanken und Gefühle.
- ☐ ... hat keine geordnete Schreibweise wie in einem Aufsatz. Wenn jemand nachdenkt, was am Tag passiert ist, dann denkt er in Sprüngen, er wechselt zwischen verschiedenen Ereignissen, er erinnert sich an Vergangenes und blickt vielleicht auch nach vorne.
- ☐ ... ist sehr sachlich geschrieben, wie ein Lexikoneintrag.
- ☐ ... kann mit einer Anrede beginnen und mit einer Unterschrift beendet werden.
- ☐ ... sollte immer kürzer als eine halbe Seite sein und in chronologischer Reihenfolge stehen.
- ☐ ... ist eigentlich an niemanden gerichtet. Es ist die wohl intimste Schreibform des Menschen.
- ☐ ... wird gerne mit selbst gestellten Fragen eingeleitet: „Was ist eine Freundschaft wert, wenn man nicht in der Not zusammenhält?“
- ☐ ... ist deshalb auch eine schöne Möglichkeit, sich in die Gedanken einer Figur hineinzuversetzen. Dabei kannst du, ohne dass du streng gliedern und ordnen musst, aus der Sicht der Figur heraus fühlen, denken und schreiben. Du wirst selbst ein Stück weit zum Schriftsteller und benutzt dessen Figur auch, um Gedanken mitzuteilen, die im Ausgangstext selbst nicht ausgesprochen werden.
- ☐ ... enthält auch Ausrufe und Fragen.

Schritt 2: Textgrundlage verstehen

1 Davids Situation

1.1 Welche Stationen in Davids Leben haben ihn bis zu dem Vorfall auf Freudewalds Hof geprägt, was musste er erleben? Liste aus seiner Sicht auf. ■

- *Ich zog um in eine neue, fremde Umgebung.*
- ______________________________
- ______________________________
- *Ich merkte, dass mein Leben weniger wert sein soll, als das der „Herrenmenschen“, wie sie sich bezeichnen. Ich bekam keine Gasmaske und es wurde verboten, dass wir an der Luftschutzübung teilnehmen.*
- ______________________________
- ______________________________
- ______________________________

2 **Zusammenfassung des Textauszuges**

2.1 Fasse die Handlung des Romanauszuges in einigen wenigen Sätzen zusammen. ■■

In dem Auszug aus dem Roman „… aber Steine reden nicht“ von Carlo Ross geht es um den jüdischen Jungen David, …

3 **Textstellen-Analyse**

3.1 Du sollst dich in David hineinversetzen, um aus seiner Sicht einen Tagebuch-Eintrag schreiben zu können. Lies den Text erneut und markiere Aussagen über sein Verhalten! Du musst dabei „zwischen den Zeilen lesen“. ■■■

3.2 Überlege, was die angegebenen Textstellen über David sowie dessen Gefühlswelt und Gedanken aussagen! ■■■

Textstelle	Bedeutung
„Die Arbeit lag dem Jungen nicht.“ (Z. 2)	David ist es nicht gewohnt, körperlich schwer zu arbeiten.
„David schwitzte trotz der eisigen Januarkälte. Das kam nicht nur von der schweren Arbeit, auch der Hohn der Kinder trug sehr dazu bei.“ (Z. 3–4)	David schämt sich, …
„Er schaffte es, war stolz darauf und vergaß für eine Weile, dass ihn der Stein blutig geschlagen hatte.“ (Z. 8–9)	
„David drückte seinem Helfer die Hand.“ (Z. 22)	
„David verstand.“ (Z. 25)	David versteht in diesem Moment, dass Erich ihm geholfen hat, weil er sein Freund ist, aber dass dieser wegen seiner Lehre nicht immer für ihn da sein kann. Vielleicht wird ihm auch klar, dass die Aussage Erichs eine vorgeschobene ist, da dieser nicht so oft mit einem jüdischen Jungen auf der Straße gesehen werden will.

Schritt 3: Stoffsammlung

HINWEIS Nun folgt der wichtigste Schritt. Du musst in deinem Tagebuch-Eintrag über das Geschehene berichten und dabei deine Gedanken und Gefühle darlegen.

1 Gedanken zur Gefühlswelt des Protagonisten

1.1 Versetze dich in David hinein. Was fühlt er? Was denkt er? Was bewegt ihn? Ergänze in der folgenden Tabelle nachvollziehbare Gedanken und Gefühle, wie er sie abends in seinem Tagebuch aufschreiben könnte. ■■

Situation: Was ist passiert?	Was könnte David denken?	Was könnte David fühlen?
„Judenkalla, Judenkalla“, höhnten die Kinder …“ (Z. 1)		
„… als David zum ersten Mal, fest vermummt durch Wollschal und Mütze, auf einem Schlitten die Kartoffelschalen für Freudewalds Kühe herbeischaffte.“ (Z. 1 - 2)	Wieso hatte ich die Arbeit überhaupt angenommen? Diese Demütigungen werden immer nur noch schlimmer. Ich weiß noch, am Tag der Luftschutzübung …	
„Und andere brüllten ihm nach: ‚Der Jude jede Arbeit macht, wenn's nur in seinem Beutel lacht!‘“ (Z. 5)		
„Sie warfen die ersten Schneebälle und dann flogen auch noch Steine.“ (Z. 6)		Ich fühlte mich wie ein ungebetenes Tier, das man mit Steinen versucht zu vertreiben. Aber ich bin doch ein Mensch! Mein Herz schlug mir vor lauter Angst bis zum Hals!
„Mit aller Kraft zog er den schwer beladenen Schlitten auf Freudewalds Hof. Er schaffte es, war stolz darauf und vergaß für eine Weile, dass ihn der Stein blutig geschlagen hatte.“ (Z. 8 - 9)		
„Aber dann stand jemand neben ihm und half den Schlitten hinaufzuziehen. David schaute auf und erkannte Erich Zettlau.“ (Z. 10 - 11)	Unglaublich! Das nenne ich einen Retter in der Not. Wenn Erich mir nicht zu Hilfe gekommen wäre, hätten sie mich womöglich noch mehr verletzt.	
„stemmte Erich die Hände in die Seiten und schrie laut und männlich: ‚Dem nächsten, der einen Wackermann schmeißt, versohle ich den Arsch, dass er acht Tage nicht sitzen kann!‘“ (Z. 14 - 15)		Manchmal wünschte ich, ich wäre so mutig wie Erich.

Situation: Was ist passiert?	Was könnte David denken?	Was könnte David fühlen?
„An die Arbeit gewöhnst du dich schon. Sollst sehen, wenn Frühling ist, hast du Muskeln wie der Kalla, und dann wagt keiner der Rotzbengel mehr dich auch nur scheel anzusehen." (Z. 20-21)	Ich kann mir zwar kaum vorstellen, wie ich diese harte Arbeit bis zum Frühling ertragen soll, aber die Aussicht darauf, dass man mich dann in Ruhe lässt ... Mal sehn!	
„David drückte seinem Helfer die Hand. Der erwiderte den Druck." (Z. 22)		

Schritt: 4 Stoff gliedern und abfassen

HINWEIS Du weißt nun genau, was an diesem Tag in Davids Leben passiert ist und hast dir überlegt, was er gedacht und wie er sich gefühlt hat. Nun kommt es darauf an, all das, was du gesammelt hast, in eine Abfolge zu bringen.

1 Schreibplan

Einleitung:

- Du beginnst mit *„Liebes Tagebuch, ...“*, lässt eine Zeile frei und schreibst dann klein weiter.
- In der Einleitung erklärst du, worüber du schreiben möchtest (*„heute ist einiges passiert ...“*, *„es wird immer schlimmer!“*, *„ich fühle mich ...“*).
- Du schreibst in der Ich-Form und meist im Präteritum, da du über Vergangenes berichtest.

Hauptteil:

- Im Hauptteil schreibst du anschaulich über das, was passiert ist, das bedeutet, dass du viele beschreibende Adjektive nutzt und ausführlich über deine Gefühle und Gedanken berichtest. Stelle rhetorische Fragen (*Wie konnte das alles nur passieren?*).
- Du musst dabei nicht unbedingt chronologisch vorgehen, das ist das Besondere an einem Tagebuch-Eintrag. David kann sich auch an vergangene Ereignisse erinnern oder in die Zukunft blicken.
- Beziehe dazu deine Vorarbeiten ein.

Schluss:

- Am Schluss fasst du vielleicht zusammen wie es weitergehen soll, bringst Hoffnungen zum Ausdruck, wünschst dir etwas oder triffst einen Entschluss.

1.1 Notiere mögliche Wendungen, die du in deinem Schluss verwenden könntest: ■■■
Wie soll es weitergehen? Was sind deine Hoffnungen und Wünsche?

Ich ... ______________________________

____

2 Tagebuch-Eintrag verfassen

2.1 Nun kannst du deinen Tagebuch-Eintrag schreiben. Bedenke dabei die Merkmale eines Tagebuch-Eintrags und orientiere dich am Schreibplan. ■■■

Schnell-Check Tagebuch-Eintrag

Inhalt		
Ich habe die Aufgabenstellung mit meinem Text verglichen. Ich habe alle Aspekte berücksichtigt.		
Alle wichtigen Ereignisse des Tages habe ich aufgeführt.		
Davids Gefühle und Gedanken habe ich umfassend dargestellt.		
Ausdruck		
Ich habe durchgängig in der 1. Person Singular geschrieben.		
Meine Wortwahl ist für einen Jungen in Davids Alter angemessen.		
Ich habe meinen inneren Monolog im Präteritum verfasst.		
Meine Satzanfänge variieren.		
Mein Satzbau ist abwechslungsreich.		
Ich habe Davids Gefühle mithilfe von Ausrufen und rhetorischen Fragen verdeutlicht.		
Grammatik, Rechtschreibung, Zeichensetzung		
Die Wörter, bei deren Schreibung ich nicht sicher bin, habe ich im Wörterbuch nachgeschlagen.		
Ich habe meinen Aufsatz „rückwärts“ gelesen und auf diese Weise die Flüchtigkeitsfehler entdeckt.		
Rechtschreibung, Zeichensetzung und Grammatik habe ich mehrmals überprüft. Dabei habe ich auf meine Fehlerschwerpunkte geachtet.		
Form		
Meine Schrift ist gut lesbar.		
Ich habe meinen Text in sinnvolle Abschnitte gegliedert und dadurch optisch ansprechender und lesbarer gemacht.		

Kapitel V
Pannenhilfe

1 Wörterbuch

Niemand erwartet von dir, dass du alle Wörter der deutschen Sprache und ihre Bedeutung kennst sowie ihre Schreibweise beherrschst! In der Prüfungsvorbereitung und in der Prüfung selbst musst du immer wieder einzelne Wörter in einem Wörterbuch nachschlagen:

- zur Klärung der Schreibweise oder auch Trennung eines Wortes
- zum Verständnis der Bedeutung des Wortes

Wörterbucheinträge verstehen

Aussprache, Herkunft *Hinweis auf den Artikel* *Endung im Genitiv*

Bluff [engl., bloef], m. der; Gen -(s), Pl. -s Verblüffung, Täuschung

Endung im Plural *Bedeutung*

Abkürzungen
f. = femininum (die)
m. = maskulinum (der)
n. = neutrum (das)

Arbeiten mit dem Wörterbuch

1 Beachte das **Abc**: *Spiritualität* steht vor *spirituell*, *heilen* steht vor *teilen.*

2 Bei Fremdwörtern (wie zum Beispiel *Abundanz*) gibt es oft mehrere Bedeutungen (1. Überfluss; 2. Häufigkeit, z. B. einer Tierart). Du kannst die **Ersatzprobe** anwenden, um die richtige Bedeutung herauszufinden:
Dazu setzt du die angegebenen Bedeutungen im Text an die Stelle des Fremdwortes. Die Bedeutung, die im Textzusammenhang sinnvoll ist, wählst du dann aus.

3 Manche Wörter musst du **zurückführen oder trennen**, um sie im Wörterbuch zu finden. Das geht so:
- Bilde von Verben den Infinitiv (die Grundform): gab > geben saß > sitzen
- Bilde von Nomen den Singular (die Einzahl): Atlanten > Atlas
- Die Bedeutung zusammengesetzter Nomen erschließt sich meist erst, wenn du beide Wortteile getrennt nachschaust. Schlage zuerst den ersten Wortteil nach. Wenn dort die Zusammensetzung nicht zu finden ist, musst du auch unter dem zweiten Wortteil nachschlagen. Steht auch dort die Zusammensetzung nicht, musst du dir die Bedeutung des Wortes aus den Bedeutungen der beiden Wortteile selbst zusammensetzen.
  Evaluationsprozess: Evaluation (Bewertung)
  + Prozess (Vorgang)
  = Der Vorgang, bei dem eine Bewertung vorgenommen wird.

2 Zitieren

Bei der Analyse und Interpretation von Texten muss du deine Aussagen mit Textstellen belegen. Dabei sind einige Regeln zu beachten, damit dem Leser/der Leserin deutlich wird, dass es sich um Zitate handelt.

Richtig zitieren

HINWEIS Wenn du ein Zitat (einen fremden Text) in deinen Analysen bzw. Interpretationen wiedergeben willst, muss er im Konjunktiv I stehen, damit der Leser direkt zwischen dem Zitat und deinen eigenen Ausführungen unterscheiden kann.

falsch	**richtig**
Der Lehrer hält einen Vortrag über die Vor- und Nachteile von Hausaufgaben. Das Erstellen von Hausaufgaben *beeinflusst* die mündliche Leistung positiv.	Der Lehrer hält einen Vortrag über die Vor- und Nachteile von Hausaufgaben. Das Erstellen von Hausaufgaben *beeinflusse* die mündliche Leistung positiv.
→ Hier hat der/die Lesende den Eindruck, dass das deine Meinung ist und nicht die des Lehrers.	→ Hier hat der/die Lesende den Eindruck, dass die Meinung nicht deine, sondern die des Lehrers ist.

Quellen angeben

HINWEIS Wenn du aus einem Text zitierst, dann musst du angeben, woher du ihn hast bzw. an welcher Stelle er genau zu finden ist. Stammt dein Zitat aus einem vorgegebenen Text, so wird die Zeile benannt, bei Gedichten der Vers.

Beachte dabei folgende zwei Regeln:

- Der wörtlich übernommene Text wird in **Anführungszeichen** gesetzt.
- Unmittelbar im Anschluss an das Zitat folgt in Klammern die **Zeilenangabe**, wobei das Wort „Zeile" mit „Z." abgekürzt wird, das Wort „Vers" mit „V."

Der Lehrer betont die „herausragende Leistung der Schülerinnen und Schüler im medialen Bereich" (Z. 13).	**richtig**
In der 13. Zeile erfreut sich der Lehrer an der „herausragenden Leistung der Schülerinnen und Schüler im medialen Bereich".	**falsch**
Der Lehrer betont die herausragende Leistung der Schülerinnen und Schüler im medialen Bereich in der Zeile 13.	**falsch**

ACHTUNG Vermeide längere Zitate. Sonst kann es dir passieren, dass deine Arbeit mehr aus dem vorliegenden Text besteht als aus deinem eigenen. Zitate machen nur Sinn, wenn du damit deine eigenen Textaussagen belegen willst und auf das Zitat auch im Vorfeld oder im Nachhinein genauer eingehst.

TIPP Oft wirkt ein Text flüssiger und lässt sich besser lesen, wenn man das Zitat in Klammern einfügt.

3 Schreibtipps

Die folgende Übersicht hilft dir, Fehler, die häufig vorkommen, zu vermeiden. Schaue dir deine letzten Klassenarbeiten an und stelle deine eigenen **Fehlerschwerpunkte** fest. In der nachstehenden Tabelle findest du Lösungen, um einige solcher Fehler zu vermeiden.

Checkliste Textkorrektur

Fehlerschwerpunkt	Tipps	Beispiele
das oder *dass*?	■ Wende die Ersatzprobe an. Wenn du das Wörtchen „das/dass“ durch *dieses*, *jenes*, *welches* ersetzen kannst, wird „das“ nur mit einem s geschrieben. Das Wort „das“ kann dann ein Artikel sein (*das* Auto); ein Demonstrativpronomen oder ein Relativpronomen (das Auto, *das* ...). Ist es ein Relativpronomen, steht es immer in einem Nebensatz. Achte auf die Kommasetzung! ■ Beachte: Die Konjunktion *dass* leitet immer einen Nebensatz ein; dieser wird vom Hauptsatz mit Kommas abgetrennt.	*Das* Auto, das falsch geparkt hat, wird von der Polizei abgeschleppt. Ich glaube, *dass* die Polizei *das* Auto, das falsch ge-parkt hatte, abgeschleppt hat.
groß oder klein?	■ Kann ich vor ein Wort einen Artikel setzen, so handelt es sich um ein Nomen. ■ Achte auch auf das Wortende! Endungen wie -heit, -keit, -nis, -ung, -tum gibt es nur bei Nomen.	der Donnerstag Heiserkeit Erkältung
getrennt oder zusammen?	■ Du musst dir ganz genau die Wortarten anschauen, die du vielleicht zusammenschreiben willst. Verbindungen mit einem Verb werden meistens getrennt geschrieben, genauso wie die Wortgruppen mit *sein*. ■ Zusammengeschrieben werden Verbindungen von Nomen und Nomen, Nomen und Adjektiv, Verbindungen mit *irgend-* , Nominalisierungen sowie Adjektiv und Adjektiv. ■ Beachte: Verbindungen von Verb und Adjektiv, die eine übertragene Bedeutung haben, werden zusammen-geschrieben.	Rad schlagen, kochen lernen, langsam reden Kindergarten, pudelnass irgendwann offenbleiben, schwerfallen
Zeichensetzung	■ Lies dir deine Texte langsam und konzentriert durch. Trenne nie Sinneinheiten! ■ Kommas stehen bei: Aufzählungen Haupt- und Nebensätzen Beachte: ■ Ein Hauptsatz kann immer alleine stehen! ■ Ein Nebensatz besitzt auch immer ein Verb! ■ Wenn „und“ bzw. „oder“ in einem Satz auftauchen, muss kein Komma stehen.	Heute habe ich in der Schule Sport, Erdkunde, Informatik, Deutsch und Mathematik. Wir hoffen, dass die Abschlussprüfung gut gelingt. Sonja möchte erst die Hausarbeiten erledigen und anschließend mit dem Hund spazieren gehen.

4 Texte überarbeiten

HINWEIS **Die Prüfung ist zeitlich so angelegt, dass dir genügend Raum für die Überarbeitung des Geschriebenen zur Verfügung steht – diese solltest du unbedingt nutzen! Es wäre doch schade, wenn deine Lösungen inhaltlich prima wären und du wichtige Punkte im Bereich „Form" verschenken würdest, nur weil du nicht genau weißt, wie du überarbeiten sollst.**

Die meisten Fehler wirst du finden, wenn du deinen Text in mehreren Durchgängen überarbeitest, wobei du dabei jedes Mal einen anderen Aspekt unter die Lupe nimmst. Zwei **Bearbeitungsarten** lassen sich unterscheiden:

Formale Textbearbeitung

Bei der formalen Textbearbeitung geht es darum, die sprachlichen/formalen Fehler zu finden, das bedeutet, dass du deinen Text in Hinblick auf folgende Gesichtspunkte überarbeiten musst:

- Hast du alle Aufgaben entsprechend der Vorgaben übersichtlich durchnummeriert?
- Hast du die formalen Kriterien der Textsorte berücksichtigt (z. B. Brief: Ort und Datum, Anrede, Grußformel)?
- Ist deine Schrift im gesamten Text gut lesbar?
- Sind deine Sätze abwechslungsreich aufgebaut und verständlich?
- Hast du deine Sätze sinnvoll verknüpft?
  Ursache: *denn, weil*
  Absicht: *damit, um ... zu, so*
  Einschränkung: *obwohl, trotzdem*
  Bedingung: *wenn, falls*
  Folge: *sodass, darum, folglich*
  Gegensatz: *aber, sondern, dennoch*
- Verwendest du unterschiedliche Satzanfänge?
- Vermeidest du umgangssprachliche Wendungen und unnötige Wiederholungen?
- Hast du in der richtigen Zeitform geschrieben?
- Sind deine Texte in Hinblick auf Rechtschreibung, Grammatik und Zeichensetzung fehlerfrei?
- Gerade der Rechtschreibung und Zeichensetzung solltest du dich besonders widmen. Schlage im Wörterbuch nach, wenn du unsicher bist und achte auf deine besonderen Fehlerschwerpunkte.

TIPP **Überarbeite die Rechtschreibung deiner Texte immer von hinten nach vorne. So bist du gezwungen, dir jedes einzelne Wort genau anzusehen und die Gefahr, Flüchtigkeitsfehler einfach zu überlesen, da du ja weißt, was „da stehen soll", ist geringer!**

Inhaltliche Textbearbeitung

Als Abschluss jeder Übung in diesem Trainingsband findest du eine Checkliste, die alle Gesichtspunkte berücksichtigt, die dein Text enthalten muss. Eine solche Checkliste solltest du dir auch am Ende deiner Prüfung erstellen:

- Lies die Aufgabenstellung noch einmal gründlich und überprüfe, ob du sie vollständig bearbeitet hast.
- Überlege noch einmal, was du über die jeweilige Textsorte weißt, um die es geht. Schreibe dir die Kriterien dieser Textsorte auf, damit du sie anschließend überprüfen kannst (↗ Kapitel I).
- Außerdem musst du kontrollieren, ob dein Text logisch ist, also ob man deine Gedanken als Leser bzw. Leserin nachvollziehen kann.
- Hast du den Stil der Textsorte getroffen? Überprüfe – z. B., ob deine Gedicht-Analyse sachlich geschrieben ist oder dein innerer Monolog genügend Gefühlsbeschreibungen und Gedanken enthält!

Kapitel VI
Prüfungsaufgaben 2010

Kapitel VI
Prüfungsaufgaben 2010

Thema	Gedicht „Sommermittag“ von Michael Buselmeier
Aufgabentypen	Erster Prüfungsteil (Aufgaben 1 - 6) **Analyse + Interpretation eines Gedichtes** Zweiter Prüfungsteil (Wahlaufgaben 7 a / 7 b): **Textproduktion** Wahlaufgabe 7 a: Kommentar schreiben Wahlaufgabe 7 b: Brief schreiben

Text 1

Michael Buselmeier (geb. 1938)

Sommermittag

Jetzt werden Ping-Pong-Tische
ins Freie gezogen
weiße Gartenmöbel
auf den Rasen gesetzt
Knirschender Kies
ein blau-rot gestreifter
Sonnenschirm
die Blätter der Birke
sieden im Wind
Unterm Efeu
Modergeruch
Wie sich das Gras
über die Kindergräber wellt
Warme Sandsteinmauer
Kirschen, dicht
über meinem Kopf
ein Zeppelin[1]
Ohne Brille kann ich die Reklamebänder
nicht lesen
aber HEIMAT steht drauf
da bin ich sicher.

Quelle: Buselmeier, M.: Die Rückkehr der Schwäne. Neue Gedichte. Verlag Das Wunderhorn, Heidelberg 1980.

[1] Zeppelin: ein mit Gas gefülltes Luftschiff

Aufgaben zu Text 1

1 Fasse den Inhalt des Gedichts in zwei bis vier Sätzen zusammen. 6 P

2 Beschreibe den formalen und sprachlichen Aufbau des Gedichts.
Belege am Text (mit Zeilenangabe). 14 P

3 Aus wessen Sicht wird in diesem Gedicht gesprochen?
Beachte dabei die Sprechsituation im gesamten Gedicht. Belege mit Textstellen. 6 P

4 Welche Bedeutung hat die Überschrift „Sommermittag" für das Gedicht? 8 P

5 In diesem Gedicht gibt es einen Einschnitt. Zitiere diese Stelle und erläutere sie. 8 P

6 Heimat nehmen wir mit allen Sinnen wahr. Wodurch wird das an diesem
Gedicht deutlich? Belege am Text (mit Zeilenangabe). 8 P

Wahlaufgabe 20 P

7 **a.** Schreibe einen Kommentar (kritische Stellungnahme) für die Schülerzeitung zum Thema „Werbung (Reklame) bestimmt unser Leben". Beziehe dich dabei auch auf das Gedicht.

oder

b. Verfasse einen Brief an eine Freundin/einen Freund, in dem du deine Gedanken und Vorstellungen zum Thema „Heimat" beschreibst.

Thema	Kurzgeschichte „Ein Tag im Juni“ von Sylvia Plath
Aufgabentypen	Erster Prüfungsteil (Aufgabe 1) **Leseverstehen** Zweiter Prüfungsteil (Aufgaben 2-5): **Analyse + Interpretation einer Kurzgeschichte** Dritter Prüfungsteil (Wahlaufgaben 6 a / 6 b): **Textproduktion** Wahlaufgabe 6 a: Dialog schreiben Wahlaufgabe 6 b: Brief schreiben

Text 2

Sylvia Plath (1932-1963)

Ein Tag im Juni

Es gibt einen Tag im Leben, den du nie vergisst, so sehr du es auch versuchst. Wenn der Sommer wiederkehrt und es warm genug ist, um paddeln zu gehen, fällt er dir ein. Beim ersten blauen Junitag ist die Erinnerung da, leuchtend, kristallklar, wie durch Tränen gesehen ...

Du gehst mit Linda zum ersten Mal in dieser Jahreszeit zum See, um zu paddeln. Ihr geht hinunter zum Bootshaus ... zu dem Anlegesteg aus faulenden Planken, die sich zum Wasser neigen ... zu den leeren Paddelbooten, die wie flache, schwimmende grüne Erbsenschoten wartend daliegen. Wackelig steigst du in den Bug, während Linda das Ruder nimmt, und die ganze Zeit tänzelt und hüpft das leichte Boot unter dir, ungeduldig, fortzukommen. Es ist einer dieser vollkommenen Tage im Juni, die du immer zu beschreiben versuchst, aber es gelingt dir nie. Nimm den Geruch von frisch gewaschener Wäsche; von trocknendem Himmelstau nach einem Regen; nimm die huschenden Bewegungen des Sonnenlichts auf der Wiese; den kühlen Geschmack von Minze auf der Zunge; das klare Leuchten der Tulpen im Garten; grüne Schatten, sich ins Gelb lichtend, ins Blau verdichtend ... der strahlende Glanz ... die heiße Berührung der Sonne auf deiner Haut ... blendende Sonnenpfeile, die vom tiefen gläsernen Blau des Wassers abprallen ... die Heiterkeit ... Blasen steigen auf, platzen ... die gleitende Bewegung ... der fließende Gesang des Wassers hinter dem Bug ... die tanzend wechselnden Farbsprenkel: all dieses zum Lieben, zum Verehren. Nie wieder solch ein Tag!

Du paddelst zu einer Bucht ... du treibst ... du lehnst dich zurück und schließt die Augen vor dem Sonnenlicht, heiß liegt es auf deinen Lidern ... du blinzelst in die Sonne und auf deinen Wimpern spannen sich Netze von Regenbögen. Eingelullt durch das gleichmäßige Lecken der Wellen am Kiel, das Schaukeln ... das Gleiten ... treibt ihr ans Ufer.

Plötzlich hört ihr Stimmen ... unverwechselbar ... Stimmen von Jungen. Ein Schauder der Erregung ist in deinen Adern, eine überraschende Gespanntheit. Hellwach seid ihr auf einmal. Abenteuer sind in Sicht. Du glättest dein Haar und schaust verstohlen um dich. Tatsächlich ... ein anderes Boot fährt hinter euch am Ufer entlang ... zwei Jungen ... Wie kann man die Fahrt verzögern? Wie zufällig anhalten? Die steile Böschung, der ihr entgegentreibt, ist mit Rhododendren bedeckt ... verführerische Büschel scharlachroter und weißer Blüten hängen über dem See und werfen dunkle Schatten auf das Wasser. Mit bebender Stimme sagt Linda: „Lass uns Blumen pflücken.“ Das reicht ... vier Worte ... und ihr beide versteht euch völlig.

Du stellst dich im Boot auf, gefährlich schaukelnd und kichernd, als du dich reckst und die Blüten abreißt ... rücksichtslos die Zweige abbrichst ... ihr lacht die ganze Zeit ... vielleicht ein bisschen zu aufgedreht, aber ihr lacht, pflückt die Blumen und sehnt euch danach, über die Schulter zu blicken, wagt es aber nicht. Eine köstliche Aufregung summt die ganze Zeit in dir. Die Stimmen werden lauter. Einen hört ihr sagen: „Lass uns rüberpaddeln, die Mädchen besuchen.“ Ihr pflückt den Rhododendron jetzt sorgfältiger, seid bewusst um Grazie und Gleichgültigkeit bemüht.

„Hallo, ihr“, ruft eine warme männliche Stimme hinter euch. Mit vorgetäuschter Überraschung fahrt ihr herum. „Oh, hallo ...“, du tust atemlos und kippst beinahe das Boot, als du dich hinsetzt. Und jetzt? Nervös fragst du dich, wie es weitergehen wird. Aber das Weitere ergibt sich von allein. Du siehst zu Linda, die in aufgeregter Fröhlichkeit kichert und ihr blondes Haar aus den Augen schüttelt. Du siehst zu den beiden Jungs ... von Nahem nicht so gut aussehend ... aber nett. Die Boote schaukeln, bedeutungsloses Geplauder geht hin und her. Du denkst zurück und kannst dich nicht einmal an deine Worte erinnern. Aber ihr lacht ... wisst, dass sie euch niedlich finden ... wisst, dass sie euch nett finden. Ihr stachelt die Jungs auf, wer von uns kann schneller paddeln? Sie schauen sich lachend an. Wollen wir um die Wette, schlagt ihr vor. Oh, nein, das wäre nicht fair. Einer wird für dich paddeln. Du protestierst vergnügt. Sie bestehen darauf. Heimlich hoffst du, dass der dunkelhaarige Typ zu dir kommt ... Leichtfüßig steigt er in euer Boot und nimmt das Ruder.

Buck heißt er. Don, der andere Junge, lässt einen gespielten Seufzer los: „Ich kann nicht allein paddeln.“ Er guckt Linda an. Geschmeichelt tut sie, als zögere sie, und fragt: „Soll ich?“ Aber sie steigt auch um und alles ist vollkommen. Ihr sitzt den Jungs gegenüber, lehnt euch in die Kissen und tauscht heimliche Blicke befriedigten Stolzes. So etwas ist euch noch nie vorher passiert. Keiner der Jungs aus der Schule ist je so nett zu euch gewesen. Du konzentrierst dich auf Buck. Er ist dünn und blass, mit dunklen Augen und strähnigem, schwarzem Haar, aber du bemerkst sein ungekämmtes Haar, seine Blässe nicht; du siehst nur seine Augen. Hier ist ein Junge ... paddelt dein Boot ... er mag dich. Sofort ist Buck mit einem träumerischen Schleier umhüllt. Mit jeder Minute wird er anziehender. Du schiebst den bohrenden Gedanken „Was werden die Leute sagen?“ beiseite. Du lachst dauernd, gibst dich geheimnisvoll und, wie du findest, kokett.

Die Strahlen der Sonne werden jetzt kühler. Du kannst die Dämmerung nicht zurückdrängen. In der Ferne taucht das Bootshaus auf. Die unausgesprochene Frage erhebt sich gleichzeitig zwischen euch vieren ... wie soll man zahlen? Du hast den unangenehmen Gedanken, die Boote wieder zu tauschen und allein weiterzufahren, aber ein alberner, launischer Teil von dir ist dagegen. Warum nicht seine Macht erproben? Warum nicht? „Was kostet euer Boot?“, fragt Buck kurz. Wieder tauschst du mit Linda einen Blick und ihr seid euch einig. „Kostet?“, stammelst du unschuldig. „Muss man das bezahlen?“ Es dauert eine Weile, bis ihr die Jungen überzeugt habt, dass ihr ohne Geld seid, aber ihr versteckt die Geldbörsen in den Taschen und haltet euch an die Spielregeln. Buck paddelt voraus und fragt dich mit starrem, brennendem Blick: „Und was hättet ihr gemacht, wenn wir nicht vorbeigekommen wären?“

Du siehst ihn an, innerlich schüttelt es dich, Glut hämmert in deinen Schläfen. Jetzt wird es ein wenig zu ungemütlich. Tränen verlegenen Zornes trüben heiß und nass deine Augen, salzig beißend. Wunderbarerweise wird sein Gesicht sanft. „He, Mensch, nicht weinen. Ich bezahl für uns. Ich will bloß nicht, dass die wissen, dass ich Geld hab.“ Du fühlst dich mies, sehr klein und gemein angesichts solcher Großzügigkeit. Du möchtest sagen: „Tut mir leid, es ist alles gelogen“, aber die Worte kommen einfach nicht heraus. Er vertraut dir jetzt. Sein Gesicht ist freundlich und du kannst ... willst ... das nicht ändern, indem du ihm die Wahrheit sagst. „Oh, Buck“, das Gefühl würgt dich. „Hilf mir da raus, wenn wir ankommen, so, als wärst du ein alter Freund, dann denkt der Mann, dass wir uns alle schon ewig kennen.“ „Klar doch“, sagt er. Das Boot gleitet an den Landesteg, wo der Mann schon wartet. Du kannst ihn nicht ansehen. Mit abgewandtem Kopf kletterst du auf den Steg, kaum dass du merkst, dass Buck dir hinaufgeholfen und den Mann bezahlt hat. Du stürzt davon, beschämt, hasst dich selbst. Er ruft dir nach. Linda und Don sind eben zusammen angekommen. Ihr geht nebeneinander und die Jungen folgen euch in dem grünen Dunkel des Waldweges mit den langen kühlen Schatten. Ihr flüstert. Was kann man machen? Wie könnt ihr gutmachen, dass ihr so gemein gewesen seid? Ihr geht schneller. „Versuch nicht, abzuhauen“, sagt Buck ruhig hinter dir. Deine Beine schlottern in unsinniger Panik. „Ich werd es ihnen sagen“, wispert Linda dir zu.

„Nein“, zischst du hitzig zurück. Wie kannst du ihr erklären, wie es steht ... dass Buck dir vertraut? Alles würde verdorben ... zerstört werden. Aber Linda hat sich schon umgedreht. Alle bleiben stehen. Der Nachmittag ist schwer vom Warten. Du möchtest schreien, ihre reuige Stimme übertönen, als sie zu Buck und Don sagt: „Wir haben nur Spaß gemacht, wir haben Geld dabei, und damit ihr seht, dass wir nicht ganz gemein sind, zahlen wir euch das jetzt zurück." Die Stille ist ekelhaft. Buck kann man jetzt nicht ansehen und Linda nicht sagen, was sie angerichtet hat. Wie kann sie noch weitermachen? Aber sie kann. „Wenn wir euch das Geld geben, lasst ihr uns dann allein?" Bucks Stimme ist gefährlich ruhig. Er sagt zu dir, allein zu dir: „Dann war das vorhin im Boot alles Theater?" Deine Augen sind starr auf die Straße geheftet. Ein merkwürdig hoher Ton schrillt in deinen Ohren. Du nickst, wortlos. Um dich zerspringt der Nachmittag in Millionen Glassplitter. Schadenfroh steigen sie in grünen, blauen und gelben Farben auf, tanzen und wirbeln um dich herum ... erstickende, glimmende Farbflocken. Du nimmst wahr, dass die Jungen das Geld genommen haben und sich, kleiner und kleiner werdend, auf der Straße entfernen. Du bleibst mit Linda stehen und ihr schaut ihnen nach. Es ist etwas so Endgültiges um jemand, der eine Straße hinunter verschwindet, sich nicht umdreht, nicht zurückblickt. Linda seufzt mit Befriedigung. Sie hat getan, was nötig war, und betrachtet den Vorfall also als erledigt. Aber du, du gehst langsam neben ihr her, sagst nichts. Wie kannst du je erklären, wie es war. Wie kannst du je erklären, dass du mit mehr betrogen hast als nur mit Geld. Es ist etwas so Trostloses, so Endgültiges um eine leere Straße. Du gehst weiter, sagst nichts.

Quelle: Plath, S.: Zungen aus Stein. Fischer-Taschenbuch-Verlag, Frankfurt/Main 1994

Aufgaben zu Text 2

1 Gliedere den Text in sieben Handlungsabschnitte.
Fasse jeden Abschnitt stichwortartig zusammen (mit Zeilenangabe). 10 P

2 **a.** Mit welchen sprachlichen Mitteln beschreibt die Autorin die Atmosphäre dieses Junitages auf dem Land? Nenne vier sprachliche Mittel und belege am Text (mit Zeilenangabe). 8 P

b. Welche Wirkung wird durch die häufige Verwendung von Auslassungszeichen im Text erreicht? Begründe deine Meinung. 6 P

3 Im Verhalten der Mädchen und der Jungen gibt es Unterschiede. Stelle vier unterschiedliche Verhaltensweisen gegenüber (mit Zeilenangabe). 8 P

4 Was macht diesen Tag im Juni zu einem so besonderen Tag, dass ihn die Erzählerin nie mehr vergessen kann? Erläutere und belege am Text (mit Zeilenangabe). 10 P

5 Beschreibe die Erzählperspektive. Belege am Text (mit Zeilenangabe). 8 P

Wahlaufgabe 20 P

6 **a.** Nach der Bootsfahrt unterhalten sich Don und Buck über diesen Junitag.
Schreibe ihren Dialog.

oder

b. „Wie kannst du je erklären, wie es war. Wie kannst du je erklären, dass du mit mehr betrogen hast als nur mit Geld." (Zeilen 175–177).
Versetze dich in die Situation des Mädchens und schreibe einen Brief an Buck.

Thema	Sachtext „Was nagt denn da?“ von Cord Riechelmann
Aufgabentypen	Erster Prüfungsteil (Aufgaben 1-2) **Leseverstehen** Zweiter Prüfungsteil (Aufgaben 3-6): **Analyse eines Sachtextes** Dritter Prüfungsteil (Wahlaufgaben 7a/7b): **Textproduktion** Wahlaufgabe 7a: Rede schreiben Wahlaufgabe 7b: Interview schreiben

Text 3

Cord Riechelmann

Was nagt denn da?

Aus: Frankfurter Allgemeine Sonntagszeitung

Einst bedroht, jetzt wieder heimisch: Der europäische Biber arrangiert sich trickreich mit dem warmen Klima - und dem Menschen. Nur mit dem Burgenbau hapert es. Ökologen[1] und Naturschützer sind oft besorgt, und das leider meist völlig zu Recht. Ihre Sorge gilt einzelnen Tierarten ebenso wie bestimmten Lebensräumen, und weil das in der Regel zusammengehört, haben manche Tiere, die ein sehr spezielles Umfeld benötigen, in ihren Augen ganz schlechte Karten. Aus diesem Grund erhielt etwa der Biber von ihnen jahrzehntelang eine rabenschwarze Prognose: Denn die regulierten, begradigten und gestauten Flussläufe unserer Breiten[2] boten den Tieren keinen geeigneten Lebensraum mehr - da waren sich alle einig.

So ist die Rückkehr der Biber eine handfeste ökologische Überraschung. Mittlerweile leben sie wieder in weiten Teilen Deutschlands, selbst in den Tegeler See sind sie eingewandert. Und gerade diese Umgebung im Norden Berlins bietet jetzt auf den ersten Blick ein ganz biberuntypisches Bild: Die bekannten Staudämme (und auch die von ihnen geformten Überschwemmungslandschaften) sucht man vergeblich. Selbst die Biberburgen wirken unscheinbar und könnten auch zufällig zusammengeflossene Astansammlungen sein, wären die Äste nicht an vielen Stellen entrindet und wiesen die Stämme nicht oft die typischen sanduhrförmigen Schnittstellen auf, die die Nagetiere hinterlassen, wenn sie Bäume fällen.

Dass die Biber in Berlin heimisch werden konnten, hängt dennoch mit den günstigen natürlichen Gegebenheiten des Gebiets zusammen. Der Wasserstand des Sees ist relativ konstant und gewährleistet, dass die Eingänge der Biberburgen [...] ständig unter Wasser stehen. [...] Eingewandert in den Tegeler See sind die Biber vermutlich über die Havel[3], in die sie über andere Nebenflüsse der Elbe vordrangen. [...]

Ein Blick auf die Geschichte von Ausrottung und Erholung der Biberbestände hilft, das komplizierte Geflecht von Natur und menschlicher Kultur besser zu verstehen. Der Blick auf die Wiederansiedlung der Biber in Berlin erlaubt außerdem eine Prognose, wie sie sich möglicherweise in nördlicheren Gebieten verhalten könnten, wenn diese von der Erderwärmung erfasst werden. Denn schon die klimatischen Bedingungen in der recht warmen Hauptstadt wirken sich deutlich auf die traditionelle Lebensweise der Tiere aus. Das ist in erster Linie eine Frage der Ernährung: In kälteren Regionen verbringen die Biber den Winter in ihrem Bau. Dann sitzen sie in den Wohnkesseln ihrer Burgen und schwimmen nur von unten an die angelegten Astflöße, um Nahrungsnachschub zu holen. So müssen sie in eiskalten Frostnächten das vergleichsweise warme Wasser nicht verlassen und können die im Eis frisch gehaltenen Baumrinden in ihren isolierten Burgen in Ruhe verzehren. Der Winter ist der Grund, warum sie überhaupt Bäume fällen. Als reine Pflanzenfresser sind sie auf große Mengen frischer pflanzlicher Nahrung angewiesen. Im Frühjahr und Sommer finden sie an den Ufern und im Flachwasser ihrer Reviere ausreichend weiche, saftige Pflanzen. [...] Erst im Herbst wird die Nahrungsbeschaffung schwieriger. Knospen und die verwertbare Rinde in den Baumkronen liegen außerhalb der Reichweite der Biber. Die Tiere sind zum Klettern zu schwer, mit ihrem Körpergewicht würden sie sich beim Fall aus den Bäumen selbst erschlagen. Da sie allerdings mit ihren riesigen Nagezähnen durch Holz schneiden können wie andere Tiere durch Karotten, strecken sie in einer Nacht auch Stämme mit einem halben Meter Durchmesser nieder. Dabei stehen sie aufrecht, auf ihren breiten Schwanz gestützt, und nagen die Bäume etwas über der Erde sanduhrförmig ab, bis sie knicken. Meistens fallen die bearbeiteten wassernahen Stämme von selbst in die richtige Richtung, da die Kronen oft zum Wasser hin stärker ausgewachsen sind als zur Landseite. Biber mögen am liebsten Pappeln oder Weiden [...]. Sie fressen aber auch die Wurzeln von Seerosen sowie Schilf, und weil in Berlin die Winter mild sind, Seen und Flüsse also meist eisfrei bleiben, dienen die Wasserpflanzen oft ganzjährig als Nahrung [...].

Dass die Wiederansiedlung der Biber große Akzeptanz bei der Bevölkerung [...] fand, hängt [...] mit den geringen Schäden zusammen, die die Tiere verursachen. Denn ihre Reviere in Stadtseen wie in Berlin [...], die sich in Ufernähe etwa einen Kilometer weit um ihren Bau erstrecken, bieten ihnen meist ohne weitreichende Eingriffe genügend Nahrung. Sie fällen zwar von Zeit zu Zeit mal einen Baum, aber dass der dann über eine Straße fällt und den Verkehr lahmlegt [...], ist so selten, dass sich eine Bürgerinitiative gegen Biber nicht lohnt.

Biber regulieren ihren Bestand über ihre Reviere, in denen immer nur ein Elternpaar lebt. Männliche und weibliche Tiere sind äußerlich nicht zu unterscheiden, denn die Geschlechtsteile des Männchens liegen im Körper. Die Eltern leben immer nur mit den Jungtieren der letzten beiden Jahre zusammen. Nachdem sie von der Mutter wenig zimperlich ins Wasser geworfen wurden, lernen die anfangs extrem wasserscheuen Jungen nicht nur, sich regelmäßig einzufetten, sondern auch, welches Holz genießbar ist und welches besser gemieden werden sollte.

Der Übergang von der Muttermilch zur Rindennahrung kann für die Jungen auch physiologisch[4] ein Schock sein, den viele Jungtiere nicht überleben. Und das nicht nur dadurch, dass sie die „falschen“ Pflanzen fressen. Die Mikroorganismenkulturen[5] in den Blinddärmen der Tiere, die für die gesunde Verdauung unerlässlich sind, müssen sich erst mit dem Heranwachsen und der Nahrungsaufnahme bilden - sie sind nicht angeboren. Biber sind damit ein gutes Beispiel dafür, dass nicht nur Menschen den richtigen Umgang mit der Ernährung erlernen müssen, sondern auch viele Tiere. Für die Biberpopulationen[6] [...] bedeutet das alles: Sie werden nicht über die Maßen wachsen. [...]

Zu Tieren, die dem Menschen so nah kommen, dass sie eines Morgens im Vorgarten eines Hauses Bäume fällend angetroffen werden, werden Biber nicht allzu oft. Es ist immer noch ein großer Zufall, im Sommer spielenden jungen Bibern zu begegnen. Mit Ausnahme ihrer Burgen sieht man in der Regel nichts von ihnen, ihr Leben bleibt verborgen. Da sie an Land wegen ihres kompakten, völlig an das Leben im kalten Wasser angepassten Körperbaus schnell überhitzen würden, ist auch nicht zu befürchten, dass sie in Gemüsegärten einfallen. Denn die Gewässer in ihrem jetzigen Zustand bieten ihnen ausreichend Platz zum Schwimmen, Tauchen und darüber hinaus auch Nahrung. [...]

Quelle: Frankfurter Allgemeine Sonntagszeitung Nr. 7 vom 17.02.2008. Ressort Wissenschaft (Text gekürzt und verändert).

1 Ökologe: Ökologie: Lehre von den Beziehungen der Lebewesen zur Umwelt
2 unserer Breiten: Mitteleuropa
3 Havel: Fluss in Berlin
4 physiologisch: Physiologie: Die Lehre von den Lebensvorgängen
5 Mikroorganismen: Kleinstlebewesen
6 Biberpopulationen: Population: Gesamtheit der Lebewesen einer Art in einem bestimmten Gebiet

Aufgaben zu Text 3

1 Formuliere für jeden der acht Abschnitte des Zeitungstextes eine passende Überschrift. 8 P

2 Welche Merkmale und Verhaltensweisen der Biber werden geschildert?
Schreibe zehn aus dem Text heraus (Stichpunkte). 10 P

3 Warum wachsen Biberpopulationen nicht unbegrenzt?
Begründe. 6 P

4 Welche typischen Merkmale weist der Zeitungstext auf?
Nenne acht Merkmale und belege mit Beispielen aus dem Text. 10 P

5 Welche Ziele (Wirkungsabsicht) verfolgt dieser Zeitungstext über Biber?
Nenne vier Ziele und belege mit Beispielen aus dem Text. 8 P

6 Worin besteht die Anpassungsleistung der Biber am Tegeler See?
Nenne vier veränderte Verhaltensweisen. Belege am Text.
Du kannst auch eigenes Wissen einbringen. 8 P

Wahlaufgabe 20 P

7 **a.** Du bist Mitglied einer Umweltorganisation, die sich für die Ansiedlung von Bibern einsetzt. Die Anwohner werden zu einer Informationsveranstaltung eingeladen. Schreibe eine Rede, in der du die Anwohner informierst und um Verständnis wirbst.

oder

b. Als Verantwortliche oder Verantwortlicher für die Schülerzeitung hast du dich dazu entschlossen, einen Anwohner des Tegeler Sees zu seinen Erfahrungen mit den Bibern zu interviewen. Schreibe dieses Interview.

Grünes Licht für die Prüfung

Realschule Abschlussprüfung
Hessen
im Überblick

Realschule Abschlussprüfung	ISBN 978-3-06
Training Deutsch	150009-2
Training Englisch mit CD-ROM	150039-9
Training Mathematik	150024-5
Originalprüfungen Deutsch	150010-8
Originalprüfungen Englisch mit CD-ROM	150040-5
Originalprüfungen Mathematik	150025-2

Informieren Sie sich unter der Nummer 0180 12 120 20 (3,9 ct/min. aus dem Festnetz der Dt. Telekom) oder in unserem Onlineshop: www.cornelsen-shop.de

Cornelsen